"十三五"江苏省高等学校重点教材（编号：2021-2-095）

21世纪
小学教师
教育系列教材

教育专业论文写作

乔雪峰 主编

中国人民大学出版社
·北京·

前 言

高校教育类专业致力于培养具有良好思想道德品质、较高教育理论素养和较强教育实际工作能力，能在中小学、教育科学研究机构和各级教育行政部门等从事教学、研究、管理等方面工作的复合型人才。教育专业的学生需要掌握教育科学的基本理论和基本知识，接受扎实的教育科学研究训练，掌握从事教育教学工作等方面的综合能力。

习近平总书记对教师和教育工作者寄予厚望。习近平总书记指出："国家繁荣、民族振兴、教育发展，需要我们大力培养造就一支师德高尚、业务精湛、结构合理、充满活力的高素质专业化教师队伍，需要涌现一大批好老师。"教师是教育发展的第一资源，是立教之本、兴教之源，也是国家富强、民族振兴、人民幸福的重要基石。正如习近平总书记所强调的："教师不能只做传授书本知识的教书匠，而要成为塑造学生品格、品行、品味的'大先生'。"在教师工作生涯中，开展教育研究能够为"大先生"的自我塑造注入持续的动力，在实践中履行好教书育人的使命。如何更好地开展教育研究，在教书育人的过程中弘扬中国精神、中国价值、中国力量，成为教师面临的重要课题。

高校教育类专业作为教育事业的工作母机，是培养新时代的高素质专业化教师和教育工作者队伍的重要保障。在课程体系中，毕业论文写作是开展教育人才培养的重要环节。它既是申请相应学位的必要条件，也是高校学生踏入教育行业之后开展教育研究的基础。

高校学生在开展毕业论文写作过程中，常出现各种问题，对教育研究质量造成负面影响。"问题论文"层出不穷，受到社会的广泛关注。2019 年和 2020 年，河北、江苏、广东先后发布了 2019 年硕士学位论文抽检评议结果，三省在抽检过程中共发现近200篇“存在问题”或“不合格”的硕士学位论文，研究生学位论文质量问题堪忧。相关研究发现，毕业论文存在研究主题不明确、逻辑结构混乱、论证分析方法不当、结论不实与建议泛化、写作不规范、写作态度不端正、创新性缺乏等诸多问题①。毕业论文写作问题引起教育行政部门高度重视。国务院学位委员会、教育部于2020年9月发布《关于进一步严格规范学位与研究生教育质量管理的若干意见》，明确要求严抓培养全过程监控与质量保证，加强学位论文和学位授予管理。该文件还强调导师要指导研究生潜心读书学习、了解学术前沿、掌握科研方法、强化实践训练，加强科研诚信引导和学术规范训练。

笔者在教育领域工作多年，审阅了大量学生论文，发现教育论文写作中存在大量的共性问题。这些问题即便进入答辩环节依然没有得到解决，而是保留到毕业论文定稿中，然后永远地留在了高校图书馆毕业论文数据库中。后续的学生查阅、模仿学长们的谋篇布局，继续踏入陷阱中而浑然不觉。精准切入教育专业论文的薄弱环节，帮助高校教育专业学生解析高频问题，成为提升教育专业论文写作质量的重要路向。

目前，国内使用的教材主要呈现出两种不同路向。第一种路向注重系统性和理论性，介绍教育研究理论和体系架构，讲解教育研究方法的原理，呈现教育研究的构思和设计。第二种路向注重实用性和操作性，介绍毕业论文写作的格式规范，讲解文献检索方法、写作体例、文字编辑和排版方面的要求等。然而，当前的教材未能充分满足高校教师教育专业对于教育研究和毕业论文教材的需求。

第一，相关教材注重全面、系统的理论讲授，强调完整的学科知识架构，面向对象是具有一定经验的教育研究者，然而未能与教育专业学生的认知水平和实践需求充分衔接。对于教育专业学生而言，这些教材中的许多内容与自己距离较远，属于惰性知识，难以充分融入自己的知识技能体系之中。

第二，相关教材虽然提供了许多案例，然而大多数案例并不是专门针对教育专业领域而设置的，与教育专业学生的实践状况具有一定距离。教育专业学生对于案例分析的认知度不高，在知识迁移时存在一定的障碍。

第三，相关教材虽然提供了具有操作性和实用性的格式规范讲解，然而并不能为初学者提供规避漏洞和陷阱的研究路径。就像初级软件技术员开发的软件遍

① 常思亮，罗小丹，卢堃．“差评”研究生学位论文主要特点鉴别［J］．黑龙江高教研究，2019，37（5）：107－112．

布漏洞一样，许多初学者在开展研究和毕业论文写作过程中，出现各种各样的漏洞，落入形式繁多的陷阱中。

为此，本教材致力于填补当前相关教材和著作的空白，直面教育专业论文写作的“痛点”，为其提供量身定制的参考用书。本教材的写作思路如下：

（1）陷阱场景复盘。陷阱场景复盘是指将已经发生的事重新进行思维推演和审视，通过他人的视角审视自己的思考误区和盲区，将别人的经验化为己用。本教材将过往教育专业论文写作中出现的陷阱和漏洞标记出来，为教育专业学生提供真实的应用场景，在场景中重新审视和梳理，协助其对常见的问题做思维演练，用别人的经验提升自己的认知能力。

（2）分层进阶提升。根据教育专业学生的特点，提供涵盖知识技能、工具、问题诊断、元认知这四个要件的模块化系统，有针对性地提升教育研究能力。其中，知识技能部分提供研究和写作方法，建立教育研究的知识地图（knowledge map）；工具部分提供开展研究的实用工具；问题诊断部分注重解决开展研究的常见陷阱和漏洞；元认知部分则促进教育研究心智模式的提升。

（3）缝接知识，迭代提升。传统的教材注重系统性讲授，读者作为被动学习者，注重知识获取，忽略了知识的缝接，学习内容留存率较低。本教材将系统性知识拆解为具有反馈回路的模块，通过复盘、分层进阶和操作工具，持续反馈和优化认知路径与知识地图，促进教育专业学生将教材内容缝接到自己原有的知识结构中，从而持续迭代升级自己的心智模式。

本教材主要特色与创新点：

（1）直击“痛点”。本教材从教育专业论文写作的常见问题入手，为读者提供真实的应用场景，与读者共同盘点开展教育研究中的认知缺陷，在真实应用场景的历练中获得提升。

（2）模块化操作，建构知识地图。本教材将教育专业论文写作分解为接口清晰的模块，基于模块组合形成教育专业学生开展研究的知识地图。本教材从提出研究设想、确定研究问题到设计概念框架、收集和分析研究数据，直到完成毕业论文，一步步指导教育专业学生将研究理念和实证数据转化为研究结果。

（3）提供开放式工具箱。本教材协助教育专业学生建立研究和写作的开放式工具箱，逐步丰富自己的研究和写作工具。教育专业学生写作遇到困难时，可以随时打开工具箱，选择合适的工具用于问题解决。

（4）建立成长型心智模式。常规教材的系统性知识架构容易使学生进入惰性知识获取的通道中，难以与自身的知识技能体系相融合。本教材基于问题解决案例，引导学生发现认知层次的阈值（临界点），优化思维路径。通过持续的问题解决案例分析，使学生发现思维的“天花板”，突破视野阈值，获得心智模式的进化升级。

本教材可用作教育专业本科生和研究生开展论文写作的入门级教材和参考用书。市面上已出版的教材和著作虽然提供了专业的知识体系，然而与初学者的现实需求存在一定的距离，可迁移性不高，导致教育专业学生的课堂学习和实操运用无法直接贯通。为此，本教材通过陷阱场景复盘、分层进阶提升、缝接知识、迭代提升的创新，协助教育专业学生建构研究和毕业论文写作的知识地图，开发适宜自己研究和写作的开放式工具箱，最终发展成长型心智模式。

鉴于毕业论文写作是教育专业每一位学生均需面对的工作，本教材的内容针对毕业论文写作展开。书中的大多数内容亦可以为教育类期刊论文写作的入门学习提供参考。

本教材可采用多种不同的路径开展学习。教材内容并非按照线性模式排列，而是按照模块化结构呈现，在每个模块系统内部按照问题解决的思路排布内容。读者可根据自身情况以任何模块作为起点，在学习过程中亦可跳跃式阅读和学习，找到适合自己的学习路径。以下几种学习路径可供参考：

(1) 基于模块的学习路径。教育专业学生基于问题解决的思路，选择特定的模块系统，逐一解决遇到的各类问题。

(2) 基于实践需求的学习路径。在毕业论文写作阶段，对重点适宜的工具加以应用；在毕业论文修改阶段，对照“常见问题解析”中的各类问题，进行自我诊断。

(3) 基于心智模式提升的学习路径。在日常学习和工作时，可以学习心智模式相关内容，解读日常社会、教育和教学场景中出现的各类现象，获得对于世界更深层次的理解。

乔雪峰

2022年8月9日

于南京师范大学随园校区

目 录

图表目录

第一章

研究的缘起

本章学习目标

- 能够逐步聚焦研究主题；
- 能够明确实证研究基本的框架结构；
- 能够明确实证研究基本的内容结构；
- 能够辨析研究领域、研究主题和研究问题；
- 能够提出适宜的研究问题；
- 能够明确绪论部分的主要结构和内容。

第一节 教育专业论文写作的动力

对于教师和教育工作者而言，论文写作可能是伴随一生的工作。进入教育专业之后，学生完成毕业论文方可毕业。部分学生如果选择攻读研究生学位，则需要相应地完成硕士论文或博士论文。等到进入教师和教育工作者行业之后，教育论文写作与发表便成为教育工作中不可或缺的部分，与年度考核、职称评定、评奖评优相关。

然而，论文写作与发表是一项技术性很强的工作，研究者确实会遇到诸多梗阻。许多初学者最初信心十足，在面临梗阻难以突破之际，信心逐渐损耗。论文写作与发表也从最初的志向转变为压力和负担。

从持续发展的视角来看，论文写作与发表需要放弃以满足短期目标的功利取向，将其视为职业生涯的一部分；需要注重保持持久的学术研究动力，在持续的行动中精进技能，获得突破。

一、作为教育研究者的信仰

对于普通的教育研究者而言，稳定的驱动力是促使其持续向前探索的关键。现实中的教育研究者，往往更关注外部驱动因素，比如科研工作量要求、领导的督促抑或论文发表的奖励。然而，能够对学术研究产生持久驱动力的，并不在于这些外部的激励或者惩罚，而是研究者的信仰。教育研究者将研究视为自我激励，把自己从依赖外部驱动或无意识的依赖中解放出来，此时个人效能能够达到全新的境界。管理教育家弗雷德蒙德·马利克将这一转变称为“从追求成就跨越到享受成就，从被动承受转变为追求自由”①。

研究者的信仰立足于科学的“可证伪性”，时刻警醒研究者应“战战兢兢”“如履薄冰”。张五常对这种可证伪性做了解释：

> 科学不是求对，也不是求错；科学所求的是“可能被事实推翻”。可能被事实推翻而没有被推翻，就算是被证实了。②

作为一名教育研究者，重要的不是变革教育的雄心壮志，而是小心翼翼地靠近教育现场，发现教育现场的情况，试图对教育现场有更多的理解和解释。自始至终，对经验世界都抱有敬畏之心，因为经验世界的丰富性超出了自身的想象和理解。从特定的理论视角切入，试图获得更多的洞察。虽然自身的视角有许多片面性，但是依然能够不断接近对外界事物的全面客观认识③。

在研究过程中，对理论的把握影响到研究的发展走向。理论其实并不是高不可攀的圣物，而是我们认识教育实践的工具。约翰逊和克里斯滕森将理论这个术

---

① 马利克．超越极限［M］．严佩琦，孙瑜，译．北京：机械工业出版社，2021：5.
② 张五常．经济解释（二〇一四增订本）［M］．北京：中信出版社，2015：51.
③ 刘擎．刘擎西方现代思想讲义［M］．北京：新星出版社，2021.

语定义为“对现象如何运作以及为什么如此运作的解释或者解释性体系”①。通过研究获得的知识以较为抽象的理论形态保存下来。好的理论能够超越时间和空间的约束，解释事物在一般情况下是如何运作的。

然而，这样的一种保存只是一种暂时性的状态，理论自始至终会面临被经验世界修正甚至推翻的可能性。换言之，虽然我们期望理论是高度完善的可靠的知识，教材中也列举了许多经典理论，然而现实中有大量的理论实则是对事物不完善的解释。正是此种不完善的解释构成了知识体系的边界形态，有待进一步加工和完善。

对经验世界心存敬畏，对理论抱有怀疑，小心翼翼地做出解释。只有亲身经历过研究的不确定性以及“凌乱”的过程，才会逐渐走向深思熟虑②。

二、作为知识活化的毕业论文写作

毕业论文写作是教育专业学生必须要面对的一项任务。许多初学者对论文写作比较抵触，将其当成一项负担，经常提出“最低需要写多少字”这样的问题。当不得不开展论文写作时，又会不自觉地使用各种办法拖延，最后在论文截稿前的几周内草草完成。一些学生对于毕业论文写作抱有困惑，认为以后工作中很少会涉及论文写作，何必花费如此多的精力完成如此庞大的工程。本科生和研究生毕业论文的价值有多大这一话题多次被教育界热议，至今社会上依然存在主张取消毕业论文的声音。

此种观点的症结在于其采用了“固定型思维模式”，从静态视角出发，把毕业论文写作视作一项任务，将其与工作生活中遇到的任务相比对③。如果把毕业论文当成一个纯粹的任务来看，那么未来的工作中确实不会遇到完全一样的任务。然而，学校教育的目的并不是让人在工作生活中解决相同的任务，而是学习人类社会长期积累的知识技能，培养“成长型思维模式”④，等到工作生活中遇到各种未知的、不确定的任务时，能够调用自己所获得的知

① 约翰逊，克里斯滕森．教育研究：定量、定性和混合方法：第 4 版［M］. 马健生，等译．重庆：重庆大学出版社，2015：20.

② 布斯，卡洛姆，威廉姆斯．研究是一门艺术［M］. 陈美霞，徐毕卿，许甘霖，译．北京：新华出版社，2009.

③④ 布洛克，亨得利．成长型思维训练［M］. 张婕，译．上海：上海社会科学院出版社，2018.

识技能应对。

威斯科将学生在研究过程中可能获得的技能做了梳理，具体包括①：

● 对已知的事物提出质疑，形成问题，进行询问。

● 搜索与查找相关信息等。

● 备案、记录、储存、管理信息和相关概念。

● 管理人员、时间、空间，完成任务，应对并克服困难。

● 培养一种探究询问、提出问题、解决问题、调查研究的思维模式，以及能够付诸行动的相应策略。

● 能够识别出研究领域内的问题、需求、争议和难题，能够找出知识方面的空白，找到该学科重要的研究问题。

●“包打听”，好问，或者着迷于简洁的、有侧重点的、可管理的问题。

● 弄清楚要向谁问问题，从哪里收集信息，怎么去找到接触的对象和内容，到哪里去找。

● 如何找到有针对性的信息和线索；找到克服困难的方法；从图书馆、杂志以及网络上获取信息；调查取样；获取论坛讨论列表；获取、筛选、处理、储存，然后使用这些信息和论据。

● 如何分析、综合、总结、质疑、辩论；与专家对话，把他们的研究和你的研究结合起来，拓展并加强研究领域。

● 坚持不懈地应对各种不利状况。

● 信息与通信技术方面的技能，开展各种数据分析与计算。

● 交流能力——能够与导师、评审、公众、信息拥有者、研究样本等进行交流。

由上可知，毕业论文写作的价值并不在于完成这个任务本身，而在于作为一个结果未知的复杂工程，需要活化自己所学知识，调用多种能力。学生在完成这个工程的过程中，逐步提升综合解决问题的能力。当完成这项工程之后，回头审视自己，若能体会到所经历的巨大飞跃，意味着经由量的积累而出现质的提升。

心理学有一个概念叫作“心流”，指的是一种人们在专注进行某行为时所表

① 威斯科．如何做一个好导师：指导研究生及本科生研究、撰写学位论文：第 2 版［M］．王建伟，译．大连：东北财经大学出版社，2015：361.

现的心理状态①。当个体注意力完全投注在某项活动上时，会产生高度的兴奋和充实感。这种状态下，能够排除外界干扰，保持内心的宁静，意识处于有序状态，甚至感觉不到时间的存在。

就毕业论文写作而言，也需要寻找能够使自己产生研究兴趣和冲动的“心流”状态。论文写作虽然有条条框框，但依然可以自主确定目标，通过把大目标拆解为能够产生自我反馈的小目标，让自己在过程中产生满足感，进而让复杂工程变得更有意义。

对于毕业论文的抵触，根源不在于自己的研究能力弱或是占有的材料有限，而在于未能将庞大复杂的工程进行有效拆解。解决途径在于将毕业论文写作拆解为若干接口清晰的模块。每个模块均有自己的反馈回路。当完成每个模块后，能够看到可视化的成果和进度，从而获得满足感。

三、研究的合作者

多数情况下，教育论文写作与发表并不是单个个体的孤独工作，而是与他人合作开展的。合作开展研究对于学习新的知识技能、获得新的研究视角、拓展知识领域、促进深度讨论等均具有重要的价值。在学生阶段，毕业论文成为最大的研究工程，而导师则成为开展毕业论文写作时最重要的合作者。除了导师之外，同学、同事和朋友也可能成为开展研究过程中的阶段性合作者。

（一）导师：毕业论文的陪跑者

毕业论文写作是一项长期的工作，需要在导师的指导下完成。对于本科生来说，毕业论文写作通常需将近一年的时间，而研究生则会长达 2～3 年。从确定导师那一刻开始，毕业论文写作将不再是一个人孤独地在漆黑的夜里行走，而是旁边有人在帮你照亮。大多数导师都会安排学生定期面谈毕业论文的开展情况。如果一些导师没有规划，不妨主动找他们，提出希望定期面谈的想法。

一般而言，跟导师讨论的话题可能有：

● 相关主题的阅读资料，导师会对参考书目提出建议；

● 感兴趣的主题，提炼成一页纸的基本主题，或对主要论点进行总结；

① 契克森米哈赖．心流：最优体验心理学［M］．张定绮，译．北京：中信出版社，2017.

● 所关注现象的竞争性理论或解释；

● 相关的证据清单，包括可能使用的案例或数据；

● 阅读和写作中存在的困惑；

● 导师可以提供什么有价值的支持；

● 论文大纲以及每个部分的主要观点。

以上的话题列表并非一开始就能完全确定，而是作为一种指引，在工作中逐步明确。从一个宽泛的主题和一些基本的阅读开始，所获得的资料有助于建立反馈回路，帮助自己明确边界，缩小研究主题范围，进而锚定研究和写作焦点。

和导师面谈时，可携带两份装订好的材料。其中一份自己用，另一份给导师。材料上列出此次讨论的议题，标注页码。材料上的内容通常以要点的形式展现，亦可采用图表化的形式呈现。以要点方式准备材料便于双方把握讨论的进度，并在讨论结束后将材料存档。

（二）阶段性合作者

除了导师以外，同学、同事和朋友也可成为学术研究道路上阶段性的合作伙伴，在论文写作与发表的路上相互扶持。与来自不同学科、精通不同研究方法的研究者建立合作，有助于学术研究获得学科交叉视角，并通过多种方法的综合深入推进。学科交叉不但有助于提供分析复杂问题的新视角，还可以帮助研究者建立更广阔的学术视野。

合作的开展通常包括以下几种类型：

● 同一学院、同一学科领域的合作研究。此种合作方式的好处在于合作者对于研究内容有共同的理解，容易达成共识并推动研究的开展。

● 同一学院（研究机构）内不同专业或研究领域的成员共同开展合作研究。来自不同专业领域能够为研究的开展提供跨学科视角，处于同一学院为合作交流提供了便利条件。相关人员可制订研究计划，定期开会讨论研究进展，并及时更新研究的进程。

● 不同机构的研究者共同推进某项研究。此种合作的好处在于机构的异质性提供了可能的资源加成。由于处于不同机构，双方的沟通可能会受到一些影响。此时，相对较好的合作方式是由其中一方作为主导，其他作为参与者。

需要说明的是，研究者的异质性程度会对合作研究过程的复杂性产生影响。研究者的来源和学科分布越广泛，合作研究过程的复杂性越高，进而考验合作研究者应对复杂性的能力。由于不同学科和专长的研究者可能会选取独特的视角看待研究主题，故而研究者的异质性程度可能会对研究主题和走向产生影响。

在开展正式合作之前，建议合作者明确以下内容并达成共识：

- 合作研究的期望。通过合作，期望在论文写作和发表上达到什么目标。
- 论文发表的意向期刊和合作者排序。
- 明确合作讨论的流程和时间安排。
- 能够包容不同的意见，协商解决争议性的问题。

所达成的共识可采用口头承诺的形式确定下来，也可以以会议备忘录等书面形式记录下来，从而对参与合作的研究者形成约束。

四、论文结构的拆解

对于初学者而言，选择质量高的样本论文进行拆解是提升研究能力的一条捷径。大部分人小时候都有拆解玩具的经历，对某个玩具很好奇，想知道里面的秘密，就会想各种办法把玩具拆开。做研究也是如此，平时看到的论文已经是成品状态。研究者将结构完备、逻辑论证表达清晰的成果展现出来。为了对论文有更好的了解，就需要将结构完整的成果尽可能地拆解为零部件，单独研究零部件的状况以及零部件之间的关联。论文拆解可以方便初学者打开研究的“认知黑箱”，发现论文内部的机理①。出于沟通便利考虑，可选择导师或者是同专业老师写的论文作为拆解对象。拆解过程中如果遇到什么问题，便于随时沟通，了解论文成品背后不为人知的过程。

教育专业论文写作涉及一系列的科研能力和写作能力。这些能力并不是短期内可练就的，而是需要有针对性的识别和训练。论文写作就像一场持久战，而拆解之后的原件则是一场又一场的小型战斗。当把大的战役分解为一系列的小型战斗，并在每场小型战斗上做优化时，大的战役便能迎刃而解。

为此，评估自身的科研能力，并有针对性地进行训练，对于科研和论文写作能力的提升至关重要。表 1－1 的自我评估表涉及选题、文献综述和研究设计这三个维度，可供学生初步评估研究设计能力。

---

① 刘西川．实证论文写作八讲［M］．北京：北京大学出版社，2020．

表 1-1　自我评估表

研究选题	有待改进	一般	已达标
1. 研究主问题属于我所学专业的研究范围			
2. 论文选题涉及 2～3 个关键学术概念			
3. 研究主问题分解为 2～3 个子问题			
4. 研究问题经过了价值检视和可行性检视			
5. 研究不是“现状-问题-原因-对策”的思路			
文献综述	有待改进	一般	已达标
1. 能够使用英文文献检索平台检索英文论文			
2. 建立了核心文献库，基于文献库开展文献综述。核心文献库数量为______篇			
3. 文献的普赖斯指数*（年限不超过 5 年的引文数量/引文总数）=______			
4. 文献综述的引用文献有内在关联，不存在平行列举问题			
5. 文献综述帮助研究者将初步的问题陈述转化为可研究的学术问题			
6. 能够阐述现有研究和本研究的关联与差异			
研究设计	有待改进	一般	已达标
1. 概念框架（质性）或理论框架（量化）明确			
2. 基于学术概念设计访谈提纲、问卷、量表等数据收集工具			
3. 研究设计部分包括样本选取、数据收集、数据分析等子部分			
4. 若为实证研究，研究方法中没有出现文献法			

*普赖斯指数建议不低于 50%

第二节　论文写作的整体框架结构

教育专业论文写作既不是“面壁十年图破壁”，也不是“积跬步以至千里”，而是按照一定的工程图进行施工。为此，在进行论文写作之前，需要先明确整体的图景，即论文的整体结构框架。

毕业论文通常包括标题、绪论、文献综述、研究设计、研究发现、研究讨论、结论和启示这几个部分。毕业论文整体架构呈现出一种从宽到窄，再从窄到宽的沙漏型。简而言之，从绪论到研究发现的部分呈现出从宽到窄的结构，从大的研究背景逐步缩小到本研究要解决的研究问题；从研究发现到结论的部分呈现出由窄到宽，从具体研究发现的呈现逐步拓展到更广的学术讨论和实践启示（见图 1-1）。

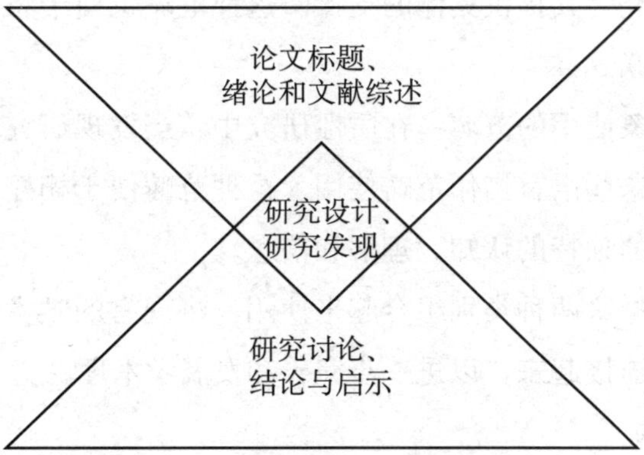

图 1-1　沙漏型论文写作结构图

一、论文写作的框架结构

从逻辑上看，写作的框架结构主要有四大类，分别是范畴式结构、序列结构、评比结构、因果结构①。文章的结构就像大厦的骨架，是连接其他组成部分的基础。在这个基础上，不同作者可进一步对其进行组合，形成相对稳固的独特的写作风格。需要注意的是，一篇文章既可以只采用同样的结构或结构组合，也可以在不同部分采用不同的逻辑结构。

（一）范畴式结构

当需要并行地处理一系列同等重要的主题时，一般采用范畴式结构。大多数学术研究论文的宏观结构（一级大纲结构）采取范畴式结构。例如，如果毕业论文处理了三个不同的问题，那么可以给每一问题分配一章（或节）。在介绍研究结果时，通常采用范畴式结构来分配不同的结果。论文的规范型结构即 IMRD 结构包含四个一级大纲，按顺序分别是绪论（introduction）、方法（methods）、结果（results）和讨论（discussions）。范畴式结构较为正式，除了毕业论文以外，期刊论文也常采用。

采用范畴式结构时，先展示一个范畴或者概念，然后提供相应的资料来说明

① FRANCIS S. Six logical writing structures [EB/OL]. (2009-03-25). https://www.writersdigest.com/writing-articles/by-writing-goal/improve-my-writing/six-logical-writing-structures.

或支持。在范畴的来源上，范畴式结构又可分为两类。

其一是抽象的、分析性的范畴。这类范畴通常是从文献综述中来，抽象水平较高，通过实证研究为其提供具体的支持。这种范畴也便于将自己的研究和现有研究或者理论相关联。

其二是研究对象使用的范畴。在质性研究中，当发现研究对象使用特别的语言意义时，可以把这些语言当作范畴使用。这种范畴便于栩栩如生地描绘研究场景，展示研究对象的独特的认知、理解和信念。

有些时候也会把这两种类别组合起来使用，将现有的学术概念和田野研究中出现的在地化概念连接起来，以进一步完善和发展学术理论。

（二）序列结构

序列结构包含序时结构（chronological structure）和顺序结构（sequential structure）两种情况。

序时结构有比较明确的故事线，按事情出现的前后顺序来介绍发生的事件。当研究结果故事性较强时，可以采用序时结构。

顺序结构呈现的是逐步发展的过程。对于毕业论文，研究方法部分通常涉及研究过程或步骤，因此对于这一部分内容，一般采取顺序结构。在表述方面，可能会使用“首先”“接着”“下一步”“然后”“最后”等过渡词。一些数学论文强调得到重要定理的过程，也会采取顺序结构，必要时把证明过程分解为不同部分。

（三）评比结构

评比结构包含评估结构（evaluative structure）和比较结构（comparative structure）这两类相近的结构，其目的是基于一定的维度进行比较。在评估结构中，需要引入一个对象或事物，然后用一套标准来系统地确定其优缺点、价值和意义。比如，常见的SWOT（strength，weakness，opportunity，threat）分析法，就是将与研究对象密切相关的主要的内部优势、劣势与外部机会、威胁等，逐一列举出来，然后把各种因素相互匹配起来加以分析。比较结构是根据一定的标准，对两个或两个以上有联系的事物进行考察，研究判断其相似性或相异程度。

在选择研究方法时，可以采取评估结构或比较结构，突出所选研究方法的比较优势，来说明为何选择某种方法而不是别的方法。讨论结果时，往往需要采取比较结构来说明自己的结果与他人的结果之间的异同，或者两组不同结果之间的异同。

（四）因果结构

在因果结构中，按顺序讨论某个特定主题或问题的原因和影响。如果需要解释原因，那么可以使用因果结构。可以先给出结果，再解释原因；也可以直接以起因开始，最后给出结果。也不排除一些结构既是因果结构，同时也是顺序结构。在解释结果出现的原因时，需要使用这种结构。

二、论文写作的内容框架

对于教育专业学生而言，一般会建议毕业论文做实证研究，而不是思辨研究。实证研究是指研究者亲自收集观察资料，为提出理论假设或检验理论假设而展开的研究。思辨研究则是以逻辑推导的方式进行的纯理论、纯概念式的一种研究范式。教育专业学生通过实证研究能够积累一定的实践经验，加强对教育教学实践的理解和分析，更有利于其后续进入实践场景开展工作。

辛克维奇认为，实证研究本质上是人们通过比较外部观察现象和内部的心智模式，基于推理判断做出的模式匹配（如图 1－2 所示）①。具体而言，模式匹配过程包括三个部分：第一部分主要出现在理论领域，对于前人研究进行梳理，对国内外最新研究成果进行概念化，建立一般性的理论模式；第二部分主要出现在观察领域，收集原始数据并对数据进行组织分析，归纳得到对于数据的观测模式；第三部分是基于前两部分的成果开展模式匹配，将理论模式和观测模式进行比对，证实、发展或挑战理论模式。

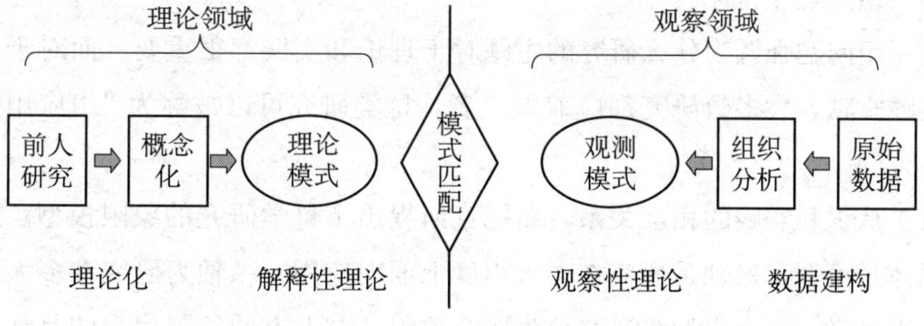

图 1－2　模式匹配的架构

① SINKOVICS N. Pattern matching in qualitative analysis［M］//CASSELL C，CUNLIFFE A L，GRANDY G. The sage handbook of qualitative business and management research methods. London：Sage Publications Ltd.，2018：468－484.

这三个部分分别对应毕业论文写作的三个大模块：文献综述、研究发现、讨论。文献综述部分主要基于前人研究建立解释性理论，研究发现部分通过寻找经验证据发现观察性理论，讨论部分对解释性理论和观察性理论进行比较。基于此，文献综述、研究发现、讨论三个大模块构成了毕业论文的主要组件，在开展毕业论文写作时，须通过研究问题将其关联起来。

三、绪论部分的结构

绪论部分通常会介绍研究问题的意义、背景情况，把研究问题置于一个大的相关的研究背景下，让读者了解到当下的研究在整个研究领域中所处的位置。

（一）绪论需要回答的问题

绪论部分作为论文最前端的部分，能够回应读者内心的疑问，促使他们进一步读下去。格兰特和波洛克认为好的绪论能够“设置吊钩”（setting the hook），主要回答三组问题①：

● 谁在乎？研究选题或研究问题是什么？为什么它在理论和实践中是有价值和重要的？

● 我们已经知道什么，不知道什么，然后呢？哪些关键的理论观点和实证结果已经为这个话题或问题提供了信息？这项研究解决了哪些重大的、未解决的难题、争议或悖论，为什么需要解决这些问题？

● 我们将学到什么？这项研究如何从根本上改变、挑战或提升学者的理解？

第一组问题 ：谁在乎？

这一组问题强调为什么研究的主题对于理论和实践都很重要。而对于理论贡献和实践贡献，大多数研究都应兼顾二者，这类研究可以被称为“由应用引起的基础研究”②。

对于认识和实践的相互关系，斯托克斯提出了科学研究的象限模型。这是二维坐标体系模型，横轴是研究在多大程度上面向应用，纵轴为研究在多大程度上面向认识世界。这个模型将研究分为四个象限：左上方的象限代表的是纯粹由好

---

① GRANT A M，POLLOCK T G. Publishing in AMJ-part 3：setting the hook［J］. Academy of management journal，2011，54（5）：873－879.

② STOKES D E. Pasteur's quadrant：basic science and technological innovation［M］. Washington，DC：Brookings Institution Press，1997.

奇心驱动的基础研究，称为玻尔象限（Bohr's quadrant）；右上方的象限代表的是既受好奇心驱动又面向应用的基础研究，称为巴斯德象限（Pasteur's quadrant）；右下方的象限代表的是纯粹面向应用的研究，称为爱迪生象限（Edison's quadrant）；左下方代表的是既没有探索目标也没有应用目标的研究。纯基础研究（玻尔象限）与纯应用研究（爱迪生象限）是沿着自己的轨道发展的，而带有应用目的的基础研究（巴斯德象限）则是连接这两个轨道的枢纽。

第二组问题：我们已经知道什么，不知道什么，然后呢？

这一组问题主要涉及有关领域的问题确立和问题质疑，从而明确自己的研究与前人研究的关系。其中，问题确立致力于寻找"关联"，问题质疑则致力于发现"差异"。

通过问题确立，研究者将自己的研究与前人的研究建立关联。问题确立主要通过连贯性的确立来达成，涉及输入两个不同的对话并将其联系起来（综合连贯性），识别一个正在进行的对话并描述它需要如何向前发展（渐进连贯性），或者提出相互竞争的观点并解释如何处理它们（非连贯性）。

通过问题质疑，研究者指出当前研究的不足，明确自己研究的问题。问题质疑主要关注问题的不完备程度，需要让读者相信关于这个主题的知识是不完整的，需要进一步发展。比如，关注的问题没有包含重要的视角，或者相关研究建立在完全不同的概念框架上，其语言表述没有关联，导致研究不可通约。

第三组问题：我们将学到什么？

有效绪论的最后一个要素是对理论贡献的预览。这个预览的核心是让读者清楚地认识到你将如何履行诺言，改变、挑战或推进你所参与的对话。许多作者在开始撰写绪论时说，现有研究存在一个缺口，但在结束时没有清楚地指出为什么填补这个缺口是重要和有价值的，或者为什么这有助于我们加深对这个特殊现象的理解。

霍伦贝克指出，做出贡献的两种最有效的方式是通过共识转移（consensus shifting）和共识创造（consensus creation）①。当作者识别出获得广泛支持的假设，对其提出质疑，并描述对正在进行的研究的影响，共识转移就会发生。当作

① HOLLENBECK J R. The role of editing in knowledge development：consensus shifting and consensus creation［M］//BARUCH Y，KONRAD A M，AGUINUS H，et al. Journal editing：opening the black box. San Francisco：Jossey Bass，2008：16－26.

者在研究中指出文献对共识的缺乏，或者澄清了争论的界限，或者解决了冲突时，共识创造就会发生。

(二) 绪论的写作结构

毕业论文的绪论在结构上主要包括问题的提出、研究的背景和意义、文献综述和研究设计这四个部分。对于硕博士论文而言，文献综述和研究设计有些时候会单独成章，而不放到绪论里。

首先是问题的提出。这一部分是给打算研究的问题做一个简要的论述，指出下面将阐述研究背景和意义、文献综述和研究设计。

其次是研究背景和意义。研究背景一般采取从宽到窄的漏斗型结构，从比较宽泛的社会经济文化和时代背景（如领域问题、行业问题）写起，指出问题的重要性与意义，然后逐渐收缩到相对比较窄的研究次级领域。然后，针对窄的研究次级领域，指出当下的需求和期待，即有高度或者深度的研究主题（如专业问题、方向问题)，并指出满足这个需求对于宏大背景发展的意义。

再次是文献综述。针对研究主题阐述研究现状，包括研究历史、里程碑工作、最新的进展，指出与需求相比存在的差距，即当下研究的不足。按照主题或者问题梳理研究现状，通常需要划分若干次级模块。

最后是研究设计。基于研究现状，指出为了实现上面所说的需求，还应该开展哪些工作；指出在这些工作中你将选择其中的哪些作为本研究的工作（注意：本研究的工作≤当下的不足)；指出本研究的工作的目标是什么，解决问题的思路是什么；指出本研究安排了哪些内容，给读者提供一份整个论文的“路线图”，简要地解释每个章节的作用。

第三节 研究问题的提出

许多初学者在刚接触教育研究时，对于如何提出研究问题存在许多困惑。初学者常出现以下几种状况：

- 把研究问题的提出理解为“提问”；
- 把问题理解为寻找教育实践中的不足；
- 使用“××的现状是怎样的?”“××中存在的问题根源在哪里?”“××可以从哪些方面进行改进?”作为研究问题。

出现这些状况的原因，在于未能很好地理解何谓研究问题。为此，本节将对研究问题及相关的概念进行辨析，并对于如何提出研究问题提供相应的方法。

一、研究领域、研究主题、研究问题的辨析

许多刚入门的研究者面对研究领域（research area）、研究主题（research topic）、研究问题（research question/problem）这几个概念时，经常会感觉无所适从。这几个概念由大到小排列：研究领域>研究主题>研究问题。

研究领域是指研究的内容属于哪个圈子，为自己的研究划定一个大的范围，比如说教师教育、学前教育研究。研究领域通常会很大，无法直接开展研究。确定研究领域的目的在于使自己的研究处于某个学术共同体之中，便于共同体内成员的互相识别。对于研究者来说，研究的问题可以变化，但是研究领域通常比较稳定。对于本科生和研究生而言，通常并不需要对研究领域有充分的了解，只需要明确自己的研究属于专业所处的研究领域内即可。

研究主题是指研究领域范围内的具体分支，是将研究领域拆分为若干次级领域（sub-area），并从其中的一个次级领域中做出选择。研究主题的选择需要基于研究者自己具有的知识背景，对研究可行性的评估。

研究问题是打算回答或解决的问题。好的研究问题能够使自己的研究足够聚焦，研究结果可行。研究本质上是一个问题解决（problem solving）的过程，可以分为发现问题（identify problem）、提出问题（formulate question）、分析问题（analyze question）和解决问题（solve problem）四个步骤。

对于 research problem 和 research question 这两个概念，许多研究者并未进行辨析，统一称为研究问题。然而，这种导致研究者在研究过程中产生许多困惑。为此，笔者将这两个概念加以辨析。为便于区分，笔者将 research problem 称为需要解决（solve）的研究主问题，research question 称为需要回答（answer）的具体研究问题。

研究主问题是研究者希望通过研究解决的比较广的问题。研究主问题是方向性的，相对比较宏观，从理论或实践中产生，以难题、阻碍、疑问、需要关注的领域、实践中的棘手问题等多种形式出现。研究者通过对研究主问题的阐述，指明研究的目的和总体方向。量化研究和质性研究在研究主问题方面的主

要区别在于：量化研究致力于寻找因果关系，质性研究致力于对特定现象深入挖掘①。

由于研究主问题通常比较广，难以直接解决，因而需要将其分解为具体的研究问题（research question），然后逐一回答。

具体研究问题是指通过研究回答的明确的问题，来源于研究主问题。在研究主问题的引导下，通过一定的研究设计，获得一系列明确的小问题。换言之，研究主问题的解决过程就是回答研究小问题的过程。当把研究主问题缩小为特定的想法，该想法指向研究或解决研究主问题时，便获得了具体研究问题。每个具体的研究问题均指向研究主问题的特别方面或组件。若干具体研究问题便构成了开展研究的框架（framework）。

一般来说，研究的主问题大致会分解为 2～3 个具体研究问题。当我们拆解主问题时，可依照 MECE（mutually exclusive collectively exhaustive）原则进行操作。MECE 原则的中文意思是“相互独立，完全穷尽”，即能够做到用不重叠、不遗漏的拆分方法将主问题拆解为具体问题。当具体问题获得答案之后，主问题也就迎刃而解。

对于质性研究而言，研究主问题与具体研究问题的关系非常微妙。研究主问题通常是具有社会意义的主题，是社会普遍关心的问题。然而，质性研究并不会直接回答这个主问题，而是用“显微镜”去看这个主问题在个案上的映射，以此切入形成具体研究问题。换言之，研究主问题虽然是落脚点，具体的研究问题才是切入点。同时，具体研究问题所体现的并不是个案本身孤立的问题，而是社会普遍关注的主问题的浓缩和聚焦。

二、如何选择合适的研究主题

一般而言，研究主题是开展研究的起点。研究主题通常是研究的主要方向或者是实践中感兴趣的问题。许多学生在研究主题的选择上，通常有两种倾向：其一，主题过大，把专业或者学位点的名称当作研究主题。主题过大，容易导致研究缺乏明确的关注焦点。其二，主题过小，将学校教学中出现的某个现象作为研

① AGEE J. Developing qualitative research questions: a reflective process [J]. International journal of qualitative studies in education, 2009, 22 (4): 431-447.

究主题。主题过小，容易导致研究者囿于实践中的细节，难以基于学术概念进行深入分析。

科尔基特和乔治指出，研究者应该尽量选取具有挑战性的主题①。在每个领域，都会有一些悬而未决的大问题，未解决问题的“宏大性”会随着时间的推移因文献的积累而变化。对于学生而言，了解所在学科具有重大挑战的热点问题，并在其之下逐渐明确更加具体的议题，是确定研究选题的正确方式。

这些重大的挑战通常比较宽泛，不适宜直接进行研究。需要进一步缩小，或者细化为特定的研究问题。如果能够明确自己的研究是如何解决这个宏大问题的很小的一部分，那么便是遵循了学术知识生产的原则，在前人工作的基础上再接再厉。研究者通常期望“站在巨人的肩膀上”，其中“巨人的肩膀”既意味着在一个宏大的学术主题之下已有丰富的学术积累，也意味着自己的研究选取一个小的切口，致力于追求微小的进步。

需要注意的是，当在宏大问题之下做出选择之后，需要尽量避免简单重复前人已经走过的路，或者是使用老旧的工具协助自己开展研究。许多初学者确定选题时倾向于先“想”一个题目，然后再去查找文献材料佐证。虽然这种做法到最后都能找到一定的文献证据，并在具体的教育实践中印证自己的观点，然而这种选题方法容易陷入“拍脑袋”式的选题路径，成为低水平的重复研究。因为初学者“想”的题目通常是基于自己在大学课程或者是自己过往经历当中的体验而来，持有一定的预设。这个预设常常受初学者自身的情感态度影响，很难说是客观的，同时这个选题很有可能是重复性研究。

选题思路主要有两种来源：其一来自教育实践，其二来自文献阅读。教育实践往往是教育专业学生开展研究的起点。许多学生的研究选题来自需要解决的教育实践问题。在开展教育实践过程中，教育专业学生对于一线学校教育实践场景中的教师教学、学生学习、学校管理等主题有一定的观察。基于教育实践的观察和积累，可以进一步延伸成为研究主题。需要注意的是，教育专业学生虽然对具体的教育实践现象有了一定的了解，然而如何解释自己观察到的现象，则是一个挑战。为了避免在教育实践观察过程中的视野局限，需要跳出具体的实践，借助学术概念发展获得对于教育实践的深层理解。

---

① COLQUITT J A，GEORGE G. Publishing in AMJ-part 1：topic choice [J]. Academy of management journal，2011，54 (3)：432 - 435.

此时，通过查阅相关文献获得对于已有研究的理解，能够进一步帮助自己明确研究选题。与教育实践所绘制的现实世界相比，文献通过理论、概念绘制了一个由人类知识构成的抽象世界，对于现实世界形成一定的解释。查阅文献能够帮助学生了解所关注主题的抽象世界的发展状况，以此确立研究目标。

这一阶段的文献阅读是一种泛阅读。教育专业学生应尽量收集与自己关注的研究主题相关的所有类型的文献材料，包括图书、期刊论文、会议论文、学位论文、研究报告、教育新闻等。这一阶段获得的文献数量较为庞大。不过，对于获得的文献，并不需要精细阅读，而只是翻阅文献标题和摘要，了解文章基本结论即可。通过广泛阅读文献，大致明确哪些问题已经被研究过，哪些问题有待进一步研究。

检视教育实践和文献查阅之间并没有先后之分，而是循环往复的迭代过程。每一次的往来穿梭，都会让自己的研究主题变得更清晰。对于教育实践和查阅文献的关系，项飙和吴琦称之为“在思想和实践之间来回摆渡，参与创造周围的小世界”①。

通过对相关文献进行梳理，对同一主题的不同研究进行比较，对同一问题不同视角的研究及其所得出的结论等进行比较分析，可以发现已有研究存在的不足。研究选题可以围绕已有研究中存在的不足提出自己的研究问题，用现实依据加以论证，而不是做一个宽泛的“现状调查”。

需要考虑的是，选题是否存在以下两种情况：研究主题的社会文化情境发生了一定的变化，进而引发研究对象的转变，比如新冠肺炎疫情引发学生学习方式的转变；或是另一个学科引入的理论可以为研究提供新的视角，即学科交叉。满足以上任一情况，研究依然会充满新意，避免落入俗套。

确定研究主题时，还需要注意以下几点：

第一，研究主题应在专业领域之内。这一条非常重要，因为教育行政部门对于选题边界非常敏感，在核查论文时第一眼看的就是论文选题是否符合专业领域的要求。比如，对于职前教师的研究，教育行政部门通常视为高等教育领域的选题，而不能作为师范生可选的研究主题。当师范生打算研究自己所处这个群体时，往往被视为“超纲”了。如果研究的是职后教师专业发展，通常被视为专业

① 项飙，吴琦．把自己作为方法［M］．上海：上海文艺出版社，2020.

领域之内的“安全的”选题。当然，这样的分界看起来有点吊诡：以是否毕业为分界，师范生这个群体毕业前属于高等教育研究，毕业之后才属于教师教育研究。这样的划分与教师的一体化发展亦有一定的冲突。

第二，选择自己有志趣的研究主题，能够保持长期的时间精力投入。毕业论文是需要长时间投入的大工程。做论文需要高度的自律，合理规划自己的时间和进度。部分学生选题时往往被实践层面的现象吸引，对于相关领域的学术概念、研究进展、研究方法不甚了解，对研究的困难估计不足。随着研究的深入推进，遇到困难往往会选择逃避或者中途放弃。为了能够顺利完成研究，建议选择一个有强烈志趣的主题。

这里强调的志趣，和我们通常讲的兴趣不太一样。当提到兴趣的时候，许多人通常会想到跑步、听音乐、看电影、阅读这一类的放松休闲活动。志趣则是兴趣和意志的结合，不仅涉及兴趣，同时也意味着坚定的意志力，能够保持长期投入，即便遇到困难也毫不退缩。做研究切忌浅尝辄止，因为这样做的话先前的努力和投入往往会打水漂，难以再次利用。

因此，当谈到自己对于某个主题有“兴趣”时，可以进一步追问，对这个主题目前有多大程度的掌握，相关研究了解多少。如果只是突然想到的话题，没有任何的资料积累，那么这样的“兴趣”很可能只是一时兴起，随着时间的推移很快消失，最后变成应付工作。反之，如果在日常学习期间已经有一定的积累，已经完成一些相关的小题目，并且打算采用滚雪球的方法继续推进，这样的选题则更符合志趣的原则，而先前的积累也会为后续工作的开展提供新的动能。

第三，研究主题不要拍脑袋去选，而是基于理论的检验和实践的初步调研获得。由于研究经验不足，许多学生选题时往往“灵光一闪”想个问题出来，然后就继续往下走了。这种灵光闪现想出来的问题，并不能直接作为研究问题使用，而是需要进一步加工。对此，可以先列出几个初步关心的话题，然后从理论和实践两个方面进行检验，获得这一话题的研究全貌。在实践方面，和一线的基层教师交流，确定这些问题中有哪些是在基层真的出现的；在理论方面，查找相关的文献资料，明确和这个话题相关的学术概念、理论和视角。通过理论和实践的检验，让自己关注的话题转化成为扎实的可研究的问题，即需要更多探索的实践或理论难题。

完成研究主题的初步检验之后，便可以和导师讨论，将研究问题缩小到一个可管理的范围。这个范围具体主要涉及自己能够掌握关键文献的多少，数据收集和分析的可行性、支持性条件是否具备等方面。这些方面涉及后续推进的可行性，只有将这些可行性因素考虑在内，才有可能在后续的研究过程中逐步解决问题，完成研究的闭环。

三、如何确定研究目的

研究目的与研究问题有很大的关联。研究目的部分是清晰鉴别研究问题。研究问题通常以疑问句的形式表述，而研究目的通常以目标的形式表述。研究目的通常围绕理论、实践或者政策展开，考虑自己的研究是为了发展理论、指导实践、评价政策，还是增进对政策的理解。

纽曼根据研究目的差异，把研究分为以下四种类型①：

● 探索性研究（exploratory research）：主要针对前人研究未能涉足的领域，致力于探索先前未知、全新的问题，提出“是什么”的问题，通过研究了解并生成与现象有关的理念。

● 描述性研究（descriptive research）：主要针对有明确界定但了解不够细致的主题，致力于深入描述事物某个情境、社会环境或事物关系的特定细节，提出“怎么样”或“谁”的问题。

● 解释性研究（explanatory research）：主要针对已明确界定而且已做了详细描述的主题，致力于确定社会行为、信念、状况和事件产生的原因，提出“为什么”的问题。解释性研究对于解释相关（correlation）、制约性条件（conditionality）、因果关系（cautionality）具有重要的作用②。

● 评价性研究（evaluation research）：也可称为规范性研究（normative research），主要针对方案、举措是否有效，致力于在实际情境中评价项目或政策的作用，以达到改进教育的目的。

由这四种类型可知，探索性研究、描述性研究、解释性研究、评价性研究具有先后顺序，前者是后者的基础，后者是对于前者的进一步发展。需要说明的

① 纽曼．理解社会研究：批判性思维的利器［M］．胡军生，王伟平，译．北京：人民邮电出版社，2015：15-18.

② ALVESSON M，SANDBERG J. Constructing research questions：doing interesting research［M］. California：Sage Publications Inc.，2013.

是，即便研究的目的是探索、描述或者解释研究现象，研究者仍然需要重视从经验资料中生成理论。为此，研究者需要保持生成理论的心态，从数据中发现、发展和检验理论。在研究过程中，通过整合研究发现，形成具有良好解释力的一般模型。

探索性研究、描述性研究、解释性研究是最为常见的三类研究。可以通过以下引导性问题的自查来确定自己的研究属于哪一类，进而明确研究目标（见表1-2）。如果引导性问题中的任何一项的回答是肯定的，那么意味着研究属于相应的类别。

表1-2 研究类别及引导性问题

研究类别	引导性问题
探索性研究	● 本研究是否在研究先前知之甚少的一个现象或现象的某一方面？ ● 研究者是否选择忽略先前的研究或解释，从而在没有任何先入为主见解的情况下研究这个现象？ ● 研究者是否试图为未来的研究发现重要的因素或者生成新的观点？
描述性研究	● 研究者是否主要描述了一个现象？ ● 研究者是否记录了特定现象的特征？
解释性研究	● 研究者是否试图生成一套与特定现象相关的理论，从而解释该现象是如何发生以及为什么会这样发生？ ● 研究者是否试图通过识别引发现象发生改变的因素来解释特定现象是如何发生的？

确定自己的研究属于哪一种类别之后，在做文献综述时，可以有针对性地对前期研究进行梳理。比如，当确定自己的研究属于描述性研究时，先前的研究必然有探索性研究，在做文献综述时便需要重点阐述已有的探索性研究。当确定自己的研究属于解释性研究时，则意味着当前已经有探索性研究和描述性研究，在做文献综述时就需要对这两类研究进行重点阐述。

四、如何确定选题新颖性

确定选题的新颖性是令许多初学者很头疼的一件事。特别是对于教育学领域的研究者来说，现实中教育实践通常比较稳定，新奇的、没有人注意到的现象并不多见。许多初学者很困惑："我能想到的问题别人都已经研究过了，我还能找到什么没有研究过的新问题吗？"

在这里，需要指出的是，新颖性指的并不是说相关的现象是全新的、没有人发现的，而是在当前的学术话语体系中有一定的新意。鉴于科学研究可以被视为学者之间的对话，检查选题新颖性的一个简单方法是鉴别自己的研究是否会改变已经在给定文献中发生的对话。这项研究是仅仅增加了现有声音的强度，还是将谈话朝着新的方向推进？新的方向也会出现不同的形式：可以在对话中加入新的词语，以新的研究发现或概念的形式来呈现；也可以是从当前研究发现中得到的新的建议和启示。

新颖的选题往往是知识重组的结果，通过在不同领域知识之间架起一座桥梁，创造出一些“新”的东西。对于研究领域而言，随着时间的推移，从自身内部汲取灵感以扩展思想已经变得非常困难，很难出现新的解决方案。如果依然将眼光锁定领域内部，很容易陷入“熟悉陷阱”“成熟陷阱”“接近陷阱”之中①。熟悉陷阱是指选择一个过于熟悉的话题，可能会导致一项研究充其量被认为是现有谈话的边缘延伸。成熟陷阱是指选择一个过于成熟的话题，会引起人们质疑这项研究是否多余。同样，接近陷阱是指与现有文献相邻领域的主题选择也可能被视为过于重叠。

部分研究者更注重研究的非常规性。戴维斯提出，当选题的命题与读者认为理所当然的假设背道而驰时，选题更有新意②。当一项研究揭示一个看似好的其实是坏的现象，更能引起好奇心。如果从选题可以直接猜测到最后的结局，那么这样的选题即使花了很大的精力，最终的结果也很有可能会让读者失望。

阿尔维森和卡勒曼则认为，有新意的研究选题来源于“故障”。在自己的数据或现有文献中出现令人惊讶的发现，这些发现无法用当前的方法或现有的解释来说明。“故障”为学者们提供了一个发挥想象力的机会，同时也预示着一个“谜”的潜在存在。有趣的选题就产生于要解决或重新考量这种“谜”的欲望。此类选题比更典型的“填补空白”方法更能引起人们的兴趣，从而产生研究问题③。

---

① COLQUITT J A，GEORGE G. Publishing in AMJ-part 1：topic choice [J]. Academy of management journal，2011，54 (3)：432-435.

② DAVIS M S. That's interesting! Towards a phenomenology of sociology and a sociology of phenomenology [J]. Philosophy of the social sciences，1971，1 (2)：309-344.

③ ALVESSON M，KÄRREMAN D. Constructing mystery：empirical matters in theory development [J]. Academy of management review，2007，32 (4)：1265-1281.

鉴于研究者对于什么是有新意的研究存在争议，彼得和鲁格详细梳理了学术研究可能的贡献①：

● 对现有技术、理论或模型的重新语境化（在新的语境中应用一种技术，在新的环境中测试一种理论，在新的情况下展示一种模型的适用性）：显示它有效或者无效，然后解释为什么会出现这种现象。

● 证实和阐述现有模式（例如，评估条件变化的影响，通过实验评估模型的某一方面）。

● 证伪现有模式或发现其中的矛盾之处。

● 将两个或多个现有的观点结合在一起，并表明此种组合能够揭示一些新的和有用的东西。

● 概念呈现：表明某个概念可行并具有实用性。

● 理论原则的实施：说明如何将其应用于实践；使他人的想法具体化，从而说明其在实践中的作用及其局限性。

● 对“显而易见的”东西进行编著：对于“人人都知道”的东西提供证据（也可能证伪已被广泛接受的东西）。

● 基于经验地对感兴趣现象的描述（例如，详细、批判性、分析性地描述某一思想的演变，对重要的案例进行研究）。

● 对观察到的现象进行分类。

● 基于确凿的证据对现有理论或证据进行批评（例如，将一些现有研究的结果建立关联，发现某种模式或遗漏）。

阐述研究创新时，需要同时指出创新点和创新的意义。以下几种表达方式可供参考：

● 这项研究带来了新的原创知识，且该原创知识对学科或领域或本身有一定意义，在格式上可以用“发现了××现象，为××找到了解释”；

● 这项研究完善现有知识体系，对学科或领域起到一定的作用，在格式上可以用“提高了××等人提出的××可靠性，为解决更复杂的××问题创造了条件”；

● 这项研究拓展了现有知识的边界，且该拓展对学科或领域有一定影响，在格式上可以用“将××等人提出的××推广到了××领域，拓展了××的使用范围”；

---

① PETRE M，RUGG G. The unwritten rules of PhD research［M］. 2nd ed. Berkshire，England：Open University Press，2010：14－15.

● 应用了现有知识，且该应用对相关行业有一定价值，在格式上可以用“应用了××等人提出的××，验证了××在××行业的使用价值”。

五、如何提出适宜的研究问题

学生常被告知，提出一个好的研究问题是很困难的。许多学生也确实感受到了这种困难，即便绞尽脑汁，提出的问题依然不过关。于是，许多人把提不出好问题归结于自己的能力不足。然而，他们未曾意识到的是，好的研究问题并不是“想”出来的，而是经过了一定的流程，且具有一定的要素和结构。

（一）提出研究问题的流程

值得研究的问题并不是想出来的，而是从相关的学术争论中产生或者从学术研究不足中衍生出来的。研究问题的提出，通常并不是一步到位的过程，而是逐步明晰、细化的过程，如图 1-3 所示。

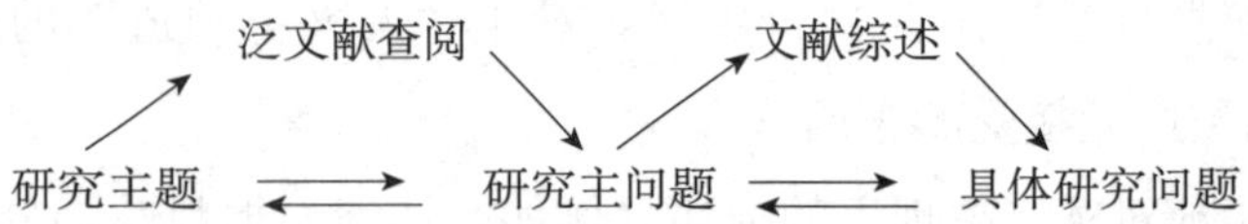

图 1-3　毕业论文研究问题提出的过程

首先，研究问题主要出自对理论和事实的考量。教育专业学生最初会根据自己的经历、所查阅到的资料，获得一个初步的研究主题。这个研究主题通常呈现出两种倾向：要么范围很宽泛，指涉很模糊；要么非常细小，是教育实践中特别微观的小事。此时的研究主题虽然不能直接作为研究问题，但可以作为研究问题的出发点。熊易寒提出，寻找研究问题主要有三条途径①：

● 事实观察。通过对现象的观察，发现有趣的和重要的社会事实，进而寻找其背后的因果关系。

● 寻找理论与社会事实之间的不吻合。通过在理论文献与经验世界之间的反复穿梭，发现理论与事实相悖的情况。

● 理论对话。通过文献阅读，对现有研究进行梳理，寻找现有理论的软肋，在理论争辩中找到自己的学术立场，或将原本对立的或不相关的理论范式整合起来。

---

① 熊易寒．生命体验与学术研究：熊易寒在复旦大学 108 周年校庆科学报告会上的发言［EB/OL］.(2019-09-19). https：//www.sohu.com/a/342021779_337742.

其次，依托研究主题，开展广泛的文献资料查阅，寻找研究主问题。研究设计的关键概念开始明确，并在研究主问题中体现出来。在此阶段中，可能会基于研究主问题，对研究主题进行小幅修正。

最后，在研究主问题的基础上，明确和自己专业高度相关的文献，开展文献综述。基于文献综述的结果，将研究主问题分解为具体研究问题。在此阶段中，可能会基于具体研究问题，对研究主问题再度修正。

需要注意的是，当和导师讨论研究选题的时候，许多学生只带着初步的研究主题。实际上，讨论研究主题时，导师期待的是学生已经做过泛文献查阅之后提出了研究主问题。

（二）研究主问题的结构

研究主问题的提出并不是直接把一个问题摆出来这么简单，而是从读者相对熟悉的较大的领域出发，逐步引出本研究打算解决的、清晰界定的问题。

一个结构化的研究主问题大致包括三个部分：理想状况、现实状况、后果。

- 理想状况：描述期望达到的目标或者理想的情境，解释事物应该是什么样的。
- 现实状况：描述现实情况，有什么条件阻碍了理想目标的达成。
- 后果：指出自己打算使用什么方法来改进现实情况，使其更加接近理想状况。

（三）具体研究问题的要素和结构

研究问题并不仅仅是一个疑问句那么简单。一般情况下，适宜的研究问题会涉及两个或者多个变量、现象、概念或想法之间的关系。研究一般由阐释关系本质的各种方法组成，很少只是去阐释某一个概念或变量。因此，当提出研究问题时，可以先考虑两到三个主要的概念，根据这些概念之间的关系来生成研究问题。

对于量化研究而言，经常出现的情况是引入第三个连接变量来把两个变量之间的关系连接起来，去看第三个连接变量对于前两个变量之间关系的影响。连接变量常见的作用主要有两种：中介作用和调节作用。其中，调节变量主要用于明确自变量对因变量产生作用的具体条件。换言之，调节效应是一种交互量效应，其中自变量的效应大小取决于调节变量的水平。而中介变量则有所不同，它通过揭示自变量与因变量之间的关系怎么或者为什么产生了效应，从而明确自变量对因变量产生影响的机制。

对于质性研究而言，需要提出超越具体个案现象层面的问题。研究问题要有清晰的研究主题所属，有明确的核心概念，围绕这一核心概念能将研究置放在相关学科、学术研究议题脉络里展开。

（四）研究的可行性

当提出研究问题之后，研究问题的可行性评估就需要提上议事日程了。毕竟，在自己能力范围之内能够按时完成的问题，才值得投入时间和精力。可行的研究问题是指在规定的时间内能够对研究问题开展研究，且在许可的条件下实现研究目标。

第一，研究规模可控。规模可控是指为了开展研究，需要调用的人力、物力和财力等是可控制的。教育专业学生会在实习学校开展教师研究，研究对象便是实习学校的老师。实习学校的情况将会在很大程度上约束研究主题。如果实习学校是城市地区的优质学校，那么有些研究主题，比如乡村教师发展、教育公平之类的问题就不太合适。

第二，时间即研究周期可控。教育专业学生做实践调研的时间通常只有半年到一年，提出的研究问题的预计研究周期应尽量在一年内完成。比如说，有的学生做行动研究，在设计时需要将时间周期考虑在内，在周期内完成规划。

第三，拥有必要的研究基础。这里的研究基础指的是对于相关领域的理论和实践有一定的了解，并能够获得进一步推进的线索。如果是选题与之前的课程学习、实践课题有一定的关联，是在之前工作的基础上所做的进一步扩充或者深度挖掘，这样会更有利于研究的推进。

（五）研究问题质量评判标准

在可行性评估的基础上，研究者可进一步通过结构化的质量评判标准检验研究问题，并根据检验结果对所提出的研究问题加以优化。

之前我们谈到，研究问题并不是一步到位的，而是经过“研究主题⇌研究主问题⇌具体研究问题”逐步明确、精练而来的。好的研究问题需要经过一定的评价标准的审查。麦库姆斯列出了研究问题的六条评判标准①：

- 聚焦的（focused）：专注于单个问题或议题；

① MCCOMBES S. Writing strong research questions [EB/OL]. https：//www. scribbr. com/research-process/research-questions/.

- 可研究的（researchable）：可使用一手资料和/或二手资料进行研究；
- 可行的（feasible）：可以在时间范围内和限制性条件下做出回应；
- 明确的（specific）：足够具体，能够完整回答；
- 复杂的（complex）：复杂到需要写一篇毕业论文才能得到答案；
- 相关的（relevant）：广泛地与所在的研究领域和/或社会相关。

基于这六条评价标准，麦库姆斯进一步提出以下的维度并加以解释，教育专业学生初步拟定研究问题之后，可以根据这些维度对自己的研究问题加以优化。

- 关注特定的主题和问题：研究的具体问题应该由研究的主问题分解而来，需要与研究主问题高度相关。
- 利用数据做出回应：通过收集量化或/和质性数据，能够做出回应。如果数据无法获得，那么需要重新提出研究问题。
- 不做主观的价值判断：避免使用好、坏、更好、更坏等主观词语，因为这些词语缺少明确的评价标准。如果对某些教育行动或政策做出评价，应该使用明确的可测量的维度。
- 在现实约束性条件下能够完成：确保自己有足够的时间和资源来回答问题。如果获得数据很困难，可考虑更换研究问题。
- 使用明确界定的概念：研究问题中的术语应该有明确的含义。避免模糊的语言和过于宽泛的想法。
- 不要寻求终局性的解决方案、政策或行动策略：研究是为了提供启发，而不是指导。即便研究关注特定的实践问题，也应该致力于促进理解，为其实践改进提供可能性，而不是使用现成的解决方案。
- 不用是或否来回答：封闭性的是/否问题无法为调查和讨论提供足够的空间。
- 无法用易得的事实或者数字来回答的问题：如果可以通过百度搜索或阅读一本书或一篇文章来回答这个问题，那么它可能还不够复杂。一个好的研究问题需要原始数据、多种来源的综合、解释和论证来获得答案。
- 提供讨论和深度分析的空间：问题的答案不应只是简单的事实描述，还需要有空间讨论和解释研究发现。现状描述通常不是好的研究问题，不过可以通过对现状的了解来获得研究问题。
- 解决与所学专业或学科相关的问题：研究问题应基于围绕相关主题的初步

阅读而制订，并且侧重于解决现有知识中的问题或填补空白。

● 有助于当下的社会讨论和学术讨论：研究问题应该为现有的学术讨论做出贡献，特别是所学专业或整个社会正在热议的问题。

● 以前并未得到回答：不必问一些以前没人想过的开创性问题，但这个问题应该具有一定的原创性（比如，关注特定类别的地点、群体或从新的视角出发）。

六、论文题目的结构

毕业论文标题是对论文中提出的论点进行框定的陈述。论文题目通常是一个简短的语句，告诉读者这篇论文主要内容是关于什么的。读者在查阅文献的时候，并不会精细地阅读每一篇查到的内容，而是根据论文题目判断其是否符合自己的需要。对于不符合需要的内容，甚至不必查看论文摘要，更不要说查阅论文内容了。

毕业论文的题目要准确得体，能准确表达论文内容，恰当反映所研究的范围和深度。因此，毕业论文标题应该简洁、准确和相关。论文题目的字数并没有什么硬性要求，一般情况下不超过 20 个字。主标题无法完全表达清楚文章核心时，也可以用副标题辅助。

在结构上，论文题目以偏正结构居多，通常为“专名”＋“类名”①。专名是指专业术语，类名是指在标题中用于标明研究性质的常用词语，是一种标记。比如，“场域理论下幼儿园新教师入职困境研究”这个论文题目中，“研究”是类名，前面的部分是专名。

在内容上，专名往往是复杂短语，其内部结构可进一步划分。常见的内部结构有偏正结构、动宾结构、联合结构、主谓结构，这四种结构的使用频率依次递减。以下几个论文题目来自中国高等教育文献保障系统毕业论文数据库的检索结果，其基本结构可以作为参考：

● 建构取向教学中教师引导之个案研究（偏正结构）

● 国民小学优良教师特质之研究（偏正结构）

● 探讨一位幼儿舞蹈教师的教学内涵与其专业发展（动宾结构）

① 黄忠廉．人文社科项目申报 300 问［M］．北京：科学出版社，2017.

● 教师专业发展与权威运作之研究——以桃园县二位小学教师为例（联合结构）

● 高级中学教师工作价值观与教师专业发展之研究（联合结构）

● 台北市公立幼儿园教师利用信息资源之研究（主谓结构）

常见问题解析

常见问题列表

- 先系统掌握研究方法，然后再开始做研究；
- 把毕业论文写成了反思或者议论文；
- 从研究背景和意义开始写，然后就卡住了；
- 提炼不出焦点明确的研究问题；
- 研究思路是描述现状、发现问题、分析原因、提出对策；
- 论文选题缺少现实原型。

常见问题1 先系统掌握研究方法，然后再开始做研究

问题状况

现象一：高校普遍会开设研究方法课。然而，许多学生在上完研究方法课之后，发现自己还是不会做研究。于是，要么抱怨授课老师，要么开始怀疑自己的能力。

现象二：市面上与研究方法、毕业论文写作有关的书很多。许多学生借阅或者购买了许多书，认真学习。然而，等到自己做毕业论文的时候，发现不知道如何下手。

现象三：一些学生写作毕业论文的时候，发现自己不会做研究，于是抱怨教研究方法课的老师没教好。

解析

这些现象有一个共同的前提假设，就是将系统地学习研究方法视为获得开展毕业研究能力的充分必要条件。然而，研究方法的学习只是开展毕业研究的前提条件之一。这就像学游泳一样，即便在课堂系统地学了游泳的各项动作要领，然而等到自己进入游泳池以后，还是会手脚乱蹬，不由自主。

许多学生对毕业论文心存畏惧，总是担心自己能力水平不够，研究方法不精

通，迟迟不敢开始动手。寄希望于“系统”掌握研究方法之后，再开始做研究。于是，借阅了大量关于研究方法的著作，从前到后仔细阅读、做笔记。等到觉得已经掌握得差不多，准备开始动手的时候，发现依然是举步维艰。于是，又陷入了新一轮的畏惧负向循环之中。

还有一些学生希望老师推荐研究方法和学术论文写作的书，希望通过充分阅读这些书掌握论文写作。对此，笔者一般会做出提醒，希望通过读书充分掌握论文写作的能力，可能会劳而无功。相对可靠的思路或许是“阅读-反思-写作”的三位一体，以写作产出为导向，以产出引导输入，形成“输入-输出”的连接。

阅读时并不需要采取从前到后的精细阅读方法，而是围绕自己的问题进行选择性阅读。即便是面对同一本书，不同的人面临的问题不一样，需求也不一样。世界上没有什么万灵药，哪些书能够满足需求，没有绝对的答案。以明确的需求为导向，有选择性地选取自己需要的书，比导师推荐书单更有价值。

当然，如果需求不清晰，不妨找一本关于研究方法的书快速翻阅一遍，粗略性地了解，然后就可以当成类似于字典一样的工具书来用了。

本书的写作思路其实也是这样的。它并不是系统教授毕业论文写作的著作，而是以问题导向，将毕业论文写作中常出现的问题、常用的分析思路、分析工具汇总起来的操作手册。书中主要的内容不会覆盖毕业论文写作的全部要点和流程，而是突出关键点，致力于解决常见问题。

毕业论文写作确实需要掌握一定的研究方法，然而其核心要义是做中学，通过参与式学习来获得提升。把毕业论文写作当成现实中的复杂工程来做，边做边学。发现不懂的地方，有针对性地查阅资料。这看起来学习的过程不够系统，而是比较零散。然而，正是在这种零散学习过程中，问题才一步一步得到解决。在参与过程中，获得细致的问题解决办法，比站在远端、系统地学习研究方法相关知识更有价值。喻颖正对此有个形象的类比：“管它是什么车，先让它跑起来。更何况，在烂泥地里，法拉利未必跑得过拖拉机。”①通过边做边学，边开车边组装，就可以获得持续的反馈，形成学习、思考和行动的闭环。

因而，学习教育研究方法时，重要的并不是系统学习那些看起来正确的、条

① 喻颖正．人生算法：用概率思维做好决策［M］．北京：中信出版社，2020：序言．

理清晰的知识，也不是熟记相关的概念和理论，而是把学到的东西用起来。只有在应用场景中，研究能力才能得到提升。

常见问题 2　把毕业论文写成了反思或者议论文

问题状况

以下内容摘自教育专业学生毕业论文的文献综述部分：

在我看来，初中、高中、大学，越来越多的学生不愿发言，课堂上的师生互动越来越少，追本溯源，能够追究到小学的课堂。想一想，在小学，随着年级的升高越来越多的学生面对老师的问题，选择了低下自己的脑袋。其实想一想，不论是初中、高中，抑或是大学，学生们开始不和教师有更多的互动，不也是因为在小学中的互动越来越少，孩子们觉得原来课堂其实只是专心听知识、记忆知识的教室，渐渐地课堂上的声音越来越少，原来那些跃跃欲试、叽叽喳喳的孩子都收起了举得高高的小手，低下了仰得高高的脑袋，课堂上那些灵动、精彩的声音越来越少、越来越小，最后课堂上只剩下教师一个人单薄而又无力的声音。正是我们将孩子们参与课堂的心在小学的课堂中就一点一点地抹杀了。

解析

一些学生在准备毕业论文写作的时候，往往将毕业论文视为长篇的议论文。在他们眼中，高中时写过的议论文是最为熟悉的文体。议论文写作技巧直接用到毕业论文当中，比如“提出问题-分析问题-解决问题”的基本结构要求，中心论点和分论点的总分结构，在写作过程中摆事实讲道理、引经据典、洋洋洒洒。比如，案例中，本来应该对现有文献进行评述，然而受到高中阶段议论文写作的影响，变成了对课堂发言这一现象的评论。

议论文和论文虽然只有一字之差，然而本质上是不同的。议论文是对某个问题或事件进行分析评论，表明自己的观点、立场、态度、看法。论文的关键词是“研究”，是在学术领域开展研究并将研究结果阐述出来的工具性文章。

毕业论文与其他类别的文体在以下三个环节有明显的差异①：

- 毕业论文关注的是一个尚未盖棺定论的主题，并对争论的立场进行论证；

① 林幼菁．大学生学术论文写作入门［M］．北京：商务印书馆，2020：5.

● 毕业论文会系统梳理已经发表的研究成果，将其整合到论文中，作为自己研究的基础；

● 毕业论文会通过系统化的程序方法收集数据，对概念、事件和现象做出比较、评估和分析，进而回应争论的立场。

彼得和鲁格有一段话讲得很精彩，阐述了论文的独特性①：

> 研究不是孤立地进行的；它是研究者之间的一种对话，每个研究者都提供有助于知识和理解的证据和论点，每个研究者都可以批评已有的证据。研究是将各种技术观察和研究到的现象表达和分析出来。它是关于“理解”这个世界：不仅要描述它，还要分析和解释它。随着更多证据的提出，分析和解释被重新评估。

研究论文作为一种工具性文体，受到结构和规则等条条框框的限制，被称为“洋八股”。由于条条框框太多，有专门的学术共同体甚至会出版专门的学术写作规范手册供研究者查阅，比如美国心理协会出版的《APA格式：国际社会科学学术写作规范手册》。一些高校也会提出关于毕业论文的格式规范要求但指导性、操作性仍不够。

和期刊论文相比，毕业论文的多样性更大，难以制订完全明晰的学术写作规范手册。因此，我们试图采用“负面问题清单＋模块化分析思路＋实用工具”的组合，为教育专业学生提供论文写作指引。当然，有意向精进学术写作规范的学生可以查阅《APA格式：国际社会科学学术写作规范手册》。

常见问题3　从研究背景和意义开始写，然后就卡住了

问题状况

许多学生对于论文写作心存焦虑，想想要完成几万字的论文心里就发虚。于是采取鸵鸟政策，尽量拖延写作的时间节点。等到不得不做的时候，从头开始写，写了几句又卡在那里，进一步加剧了焦虑的心理。

解析

毕业论文写作，看起来是“写文章”，实际上是一个“发现问题-提出问题-分

① PETRE M，RUGG G. The unwritten rules of PhD research［M］. 2nd ed. Berkshire，England：Open University Press，2010：7.

析问题-解决问题”的系统工程，论文只是这个系统工程的外现的产出结果。换句话说，毕业论文写作并不是“写”出来的，而是“做”出来的。

研究背景和意义，又称为研究缘起，通常出现在论文最开始的部分，引导读者进入这个研究体系中。这个部分给读者提供一个接受的过程，慢慢引起阅读的兴趣。这类似于给小孩子讲故事的时候，用“在很久很久以前……”这样的开头，渲染气氛，吸引孩子的注意力。

需要注意的是，研究背景和意义虽然位置靠前，但在写作的时候，通常是放在靠后的时间点，等到对相关的研究领域的学术进展和实践状况有一定的了解之后，再着手这一部分。之所以这样处理，与这一部分所涉及的主要内容有关。这一部分涉及以往研究历史、里程碑进展、原始贡献、重点研究的介绍。这些内容需要对研究主题相关文献和实践较为熟悉之后才能提取出来。

毕业论文做的研究通常是实证研究，需要收集一手的数据资料。研究主题的选取和研究问题的确定并不是一步到位的。建议采取理论和实践并行的方法，逐步确定自己的研究问题：一方面，从实践出发，关注在教育实践中发生了什么；另一方面，收集相关研究的重要文献，获得对于此类研究的图景式了解。

此处需要注意的是，收集文献的时候，对于“相关研究”的边界界定是很重要的。这个边界指的并不是具体的某个现象，或者某个特别的群体，而是用于解释自己所关心的实践现象的关键概念。

常见问题 4　　提炼不出焦点明确的研究问题

问题状况

以下是在教育专业学生毕业论文中出现的论文标题：

小学高年级学生课外阅读中学习投入的现状研究

小学数学课堂教学技术化现状研究

幼儿园绘本教学中渗透美育的现状研究

这三个题目有个共同特点，都是属于现状研究的类别。表面看起来，这些选题是很小的切口，适合作为毕业论文选题。然而，仔细考虑，会发现这样的选题并不适合开展研究。

第一，现状研究关注的是现象本身，试图发现一个之前大家不了解的现象。当一个现象并不为人所知时，才值得做探究。以上的题目关注的分别是学生学习投入、课堂教学中的信息技术、教学中的美育这些大的领域，只不过通过许多限定词试图使得大领域变窄变小。学生在研究过程中会发现在这些限定词下发现的现象与大领域的现象并没有什么显著的差别，没有发现什么“不为人所知”的情况，那么，这样的现状研究基本上是失败的。

第二，这些选题实际上并未明确“切口”在哪儿。切口指的是用特定的视角来看待某个现象，试图用某种理论来解释现象，让人们更多地发现现象背后的规律。然而，以上的选题并没有明确自己采用的是什么视角，所以切口也无从谈起了。举个例子，当全世界都很熟悉新冠肺炎的症状时，你在某个小村落看到有个贫困家庭、正在上小学低年级的男孩感染了这种病毒，把他的病症描述了一下（描述的症状和之前并无什么差异），然后说自己有了新发现。虽然这个研究很具体，但我们可以说它是失败的，因为它对于新冠肺炎没有更多的解释，研究结果对我们认知世界并没有更多的贡献。

解析

学生做现状研究时，往往出现研究问题不明确的状况。在开展研究时，常难以突破思维局限，只关注到在特定时间、特定区域内很多人都熟悉的东西。

寻找选题时，现状研究对于学生而言看起来是有很大吸引力的。这从每年选择做现状研究的学生的庞大数量可以看出来。跟学生谈话的时候，许多学生会“自然而然”地想做一个现状研究。原因其实很简单，现状研究是非常安全的研究，无论关注的是什么，总是能够呈现一定的结果出来。当然，如果选了这条路，就可以毫无悬念地完成：设计一份问卷，从朋友圈找几十个人填写问卷，最后产生安全的结果。彼得和鲁格把这个过程比作“集邮”①。邮票本身是存在的，集邮的过程只是把它放到你的收藏夹里，除此之外没有别的贡献。

当然，这并不意味着我们要完全否定现状研究。如果研究对象是以前没有描述过的东西，现状研究仍然是一项非常有用的工作。然而，此处之所以不建议教育专业学生做现状研究，原因在于他们的研究中往往会出现以下两个特征：（1）传统的方法；（2）过度使用的研究主题。有很多问题研究者先前已经投入了

① PETRE M，RUGG G. The unwritten rules of PhD research［M］. 2nd ed. Berkshire，England：Open University Press，2010.

大量的时间和精力，研究发现也已经是我们所熟知的。重新选了一些人作为自己的样本，只是做类似的事情，最后的结果基本上是“重复过去的故事”，不太可能取得什么突破。

一个有用的工具是追问“那又怎样?”。假设在对一所学校学生的调查研究中发现，大多数参与者更喜欢听有声故事，而不是看绘本。那又怎样呢？这一发现有助于证实学生的学习偏好，或者这只是一个没有任何意义的新发现？这样的研究发现有什么用呢？如果你不能回答“那又怎样?”或者是伴随的问题“谁在乎呢?”，那么最好避免这个研究问题。因此，对于教育专业学生而言，毕业论文有效的写作策略不是做一些显而易见或常规的事情，而是以这样的方式检视他们提出的研究问题，使得研究结果避免落入俗套，最终将是有趣和有用的。

彼得和鲁格有个形象的比喻，将研究比作带着弯刀和放大镜的探险①。当一个新的研究领域出现时，人们对这个领域还很不熟悉。这个时候，有些研究者带着弯刀进到这个领域，大刀阔斧砍下去，探究这个领域的基本布局。此阶段的问题倾向于关心“那里有什么”。在初步了解基础上，更多的研究者带着放大镜进来，致力于解决领域中出现的非常精确的问题，并使用精确的观察以消除之前产生的任何马虎或误解。

毕业论文里出现的现状研究，通常是带着弯刀的探险。然而，问题在于，这样的探险所针对的领域并不是大家所陌生的，而是已经有很多人研究过的。在此情况下，带着弯刀进入这个领域，显然是拿错了工具，最后的结果大多是无功而返。除非明确证实所研究的领域非常独特，罕有人进入（相信这种情况并不多见），否则毕业论文写作不应再带着弯刀做一个大家耳熟能详的现状研究。

常见问题5 研究思路是描述现状、发现问题、分析原因、提出对策

问题状况

以下是一名教育专业学生毕业论文的目录：

① PETRE M，RUGG G. The unwritten rules of PhD research ［M］. 2nd ed. Berkshire，England：Open University Press，2010：102.

绪论

一、小学生创新思维培养过程中存在的问题

（一）问卷调查及访谈设计

（二）存在的问题

二、小学生创新思维缺乏的原因分析

（一）教学方法的束缚

（二）社会文化的影响

（三）学生自身因素的制约

三、小学生创新思维的培养策略

（一）精心设计教学流程，创设问题情境

（二）课前充分预习，鼓励学生提出疑问

（三）教会学生提问方法

这个论文目录呈现出教育专业学生开展研究的一种常见套路："现状描述-存在的问题-原因分析-对策建议"。表面看来，这个思路属于中规中矩的问题解决思路，即"发现问题-提出问题-分析问题-解决问题"。然而，这样的思路暴露出学生对于"问题"这个概念的理解有偏差。在"发现问题"这个环节，作为实证研究的起点，从实践中发现存在的不足、纰漏是可以的。然而，在"提出问题"这个环节，需要做的是将实践中的问题转化为研究问题。研究问题是指可以从一定的理论视角出发分析解释的问题。上面的案例实际上缺少了这一环，导致里面涉及的"问题"依然指向的是实践不足或纰漏，进而导致后续的分析问题和解决问题走偏了。

解析

确定研究问题的时候，常见的思路是先找一个研究单位，然后用现状、问题、对策、特点等描述类型的限定词对研究单位进行限定。比如，本例中研究单位是小学生创新思维培养，对这个研究单位进行限定的限定词是问题、原因和策略。这种研究结构中，能够看出学生尝试缩小研究范畴，用"问题、原因和策略"来限定学生问题意识培养这个研究单位。然而，这样的思路存在"套套逻辑"和"看病"思维这两个方面的问题。

首先是套套逻辑。

这几个限定词虽然在理论上能够约束研究单位，缩小研究范畴，然而在实操中基本上成为一个缺少深度和价值的套路。看起来是个万灵药，什么主题都可以套用。基本上类似于中学时候做的完形填空，只要是自己想到的话题，都可以填进来。

此种情况类似于张五常所称的“套套逻辑”①。套套逻辑是指在任何情况下都不可能出错的言论。这一类毕业论文看起来说了很多，写了很多字，其实内容比较空洞，没有什么实质性的发现。对此，本书把现状研究标记为应尽量避开的陷阱路径。如果头脑中只有现状、问题、对策、特点这种描述类型的限定，很难做出好的毕业论文。

比如，上面的例子中，从教师的教、社会文化、学生自身三个方面寻找学生创新思维缺乏的原因，这样的表述并没有什么事实上的错误，主要问题在于，套套逻辑的内容空洞，没有什么解释能力。看完里面的内容以后，会发现列举的这些理由基本上是我们的常识，即便不做这个研究也知道，最后只是讲了一堆所有人都心知肚明的“正确的废话”。

如何避免套套逻辑呢？关键在于范围的压缩、收窄。还是上面的例子，教师的教、社会文化、学生自身这三个方面都是范围极大的类别，并不适合作为分析的层次。需要做的是把这些具有极大一般性的类别加以压缩，形成一个有内容的、有强大解释力的层级。比如说，在教师的教这个大类别下，研究和数据资料都指向了教师的提问方式。与教师的教这样一个大类别相比，提问方式就更加聚焦和明确。如果能从教师提问方式中发现对于学生创新意识的强力的解释，那么研究质量可能会更高。

其次是“看病”思维。

“现状描述-存在的问题-原因分析-对策建议”这样的架构在思维层面类似于医生给病人看病。这种思路把关注的对象视作病人，首先把病人叫进来看病人的整体情况（现状描述），发现病人在哪些地方有炎症（存在的问题），分析病因（原因分析），最后给病人开药方（对策建议）。表面看起来，这样的思路非常顺畅，然而我们关注的研究对象很大程度上并不是病人，教育专业学生也不是有看病资质的医生。

对于已经采取这种思路的论文，若不愿意进行结构上的调整，或者是临近答

① 张五常．经济解释（二〇一四增订本）[M]．北京：中信出版社，2015.

辩日期没有足够时间进行修改，那么可以退而求其次，考虑内部的结构优化。

第一部分，现状描述。现状描述的常见问题是学生选取某个点作为研究对象，然后把所有跟它看起来相关的内容都放进去。做个不太恰当的比喻，就像打开一个袋子，把所有的东西一股脑地丢进去。至于里面这些东西如何摆放，则不在考虑范围之内。

现状描述主要采取描述方式，采用弯刀这种工具，呈现所关注的对象的总体结构。换言之，从若干范畴出发，试图对所关注的对象有所了解。此阶段的难点在于范畴之间的关系，确定这些范畴的总和是否等于所关注的整体，范畴之间是否属于同一级别，范畴之间有无重叠。若能够在范畴层面进行归类整理，而不是细节的堆积，或许能够改善质量。做个类比，售楼处销售员向客户介绍房型的时候，通常会展示卧室、客厅、餐厅、阳台这样的功能性区域和区域的布局结构，而不是直接展示里面能放几个沙发、几个柜子、几开门冰箱、装几个灯泡这样的细节。即便这些细节都是对的，但是缺少结构性的布局，会让观众迷失在细节之中。

第二部分，存在的问题。这一部分是带着放大镜对关注对象细致解剖。在这个部分，学生对于“问题”这个词的理解常会有一定的偏差，将实践中存在的不足理解为研究问题。这里的“问题”，常指向研究对象身上“有缺陷”的地方，并不是指研究问题。

这一部分的难点在于：所发现的问题确实是问题；所发现的问题不仅仅是实践层面的细枝末节问题，而且是有深层的原因的问题；所发现的若干问题之间有内在关联。经常出现的情况是以教材中学习到的理想情况作为参照标准，将现实中不符合理想情况的实践界定为存在不足，而未考虑到常态的教育情况。

比如，有的毕业论文，批评指责新任教师在课堂互动中的不足，给学生评价时所用的句式不够丰富。那么，此处需要考虑的是，新任教师教学表现的参照基准是什么，对于其教学中存在不足的容错度有多高。如果我们将五年作为新任教师的成长期，而看到这所学校的新任教师经过三年便能够胜任课堂，是否意味着即便发现了这所学校的三年以内教龄的教师存在不足，依然是这所学校的成功呢？

相较于绝对的参照标准而言，把时间轴引入分析之中，采用纵向比较的方法对所关注的研究对象的历史、现状乃至未来进行比较，或许更有助于发现发展路径、趋势和规律。

第三部分，原因分析。由于上一部分将发现问题理解为寻找实践中的不足，此处的原因分析就成了什么原因导致这种不足。许多学生会将矛头指向他们看不惯的一些方面，相对宏观的原因有应试教育、教师观有问题之类，相对微观的原因有教师能力不足、学生能力不足等。然而，这些看不惯的地方并不能被称为原因，而是另外树立了批评的靶子，或者是说另外指出一些“存在的问题”。这样的列举需要证实为何这里列举的这些因素是可靠的，基于什么理论可以用这里的因素来解释上一部分的结果，以及这样解释的价值在哪里。

比如，上面案例中提到的“教学方法的束缚”。需要问的是这种教学方法是这个学校个别老师在用还是所有老师都在用？如果是个别老师在用的话，为什么他看到其他老师不用，依然会坚定地这样用？如果是所有老师都在用，需要问的是他们从什么时候开始用的，为什么不改？如果改了以后，真的会产生积极的效果吗，会不会引发更大的副作用？经过一系列追问之后，或许可以发现，作者从所谓的教学方法的束缚这一角度找原因，存在一 定的片面性。

第四部分，提出对策。基于上一部分原因分析发现的模式，进一步针对当今现实状况提出相应的对策建议。这一部分的难点在于所提出的对策足够明确，具有可行性，在总体上能够产生积极的效果。比如，上文案例中的对策“精心设计教学流程，创设问题情境”就不够明确。看到这样的对策，人们会问这是否意味着老师以前设计教学流程时不精心，没有创设问题情境。恐怕这样的论断很难成立。即便如此，那么需要考虑的是：精心设计教学流程指的是什么？老师们当下用什么样的教学流程？现在建议他们用什么样的教学流程？这种流程比以前的流程好在哪里？（用了这样的流程不会产生额外的副作用，比如，流程过于复杂，老师用了以后内容讲不完。）

常见问题 6　　论文选题缺少现实原型

问题状况

以下是来自教育专业学生毕业论文的选题：

小学生家长进课堂的现状及改进策略研究

小学跨学科主题教学的现状及改进策略研究

解析

这两个论文题目有一个共同特点，那就是在学校实践中很难找到现实原型。对于学术论文而言，了解“是什么”是基本要求。然而，在缺少现实原型的情况下，“是什么”变成了理论推演。“实践是检验真理的唯一标准”，毕业论文需要围绕一定的教育实践现象展开，了解实践并对其做出解释，而不是纯粹的思辨或者理论阐述。

比如，《小学生家长进课堂的现状及改进策略研究》致力于了解小学生家长进课堂开展教学的状况。然而，所选取的个案学校在家长进课堂方面依然是一种较为罕见的现象。正如其文中所述，“从之前甚至有‘零家长进课堂班级’，到现在基本上每个班级每学期在一次以上”。每个学期仅有一次家长进课堂开展教学对于学生而言更多的是一种象征，而不是一种常态化的教育实践。教育实践原型不够明确，导致研究难以获得充足的实证资料，论文中的许多论述停留在理论推演和现实猜想层面。

再比如，《小学跨学科主题教学的现状及改进策略研究》致力于了解跨学科主题教学的实施现状，分析跨学科主题教学的阻碍，并提出改进策略。跨学科主题教学确实在一些小学中有所开展。然而，这位学生进行实习的学校并未开展跨学科主题教学。同时，她也没有机会进入开展跨学科主题教学的学校近距离观察。由于接触到的相关的教育实践比较欠缺，这篇论文的内容同样停留在理论推演和现实猜想层面。

关键要点复盘

● 理论是指对现象如何运作以及为什么如此运作的解释或者解释性体系。

● 论文写作的框架结构主要包括范畴式结构、序列结构、评比结构、因果结构四类，其中又以范畴式结构最为常见。

● 实证研究是指研究者亲自收集观察资料，为提出理论假设或检验理论假设而展开的研究。实证研究本质上是人们通过比较外部观察现象和内部的心智模式，基于推理判断做出的模式匹配。

● 研究问题包括研究主问题和具体研究问题。研究主问题可通过文献综述转化为具体研究问题。

● 文献阅读包括泛阅读和精细阅读。泛阅读主要用于产生研究主问题，精细阅读主要用于文献综述，将研究主问题转化为具体研究问题。

● 根据研究目的差异可以将研究分为探索性研究、描述性研究、解释性研究、评价性研究。此四类研究有先后顺序，前者是后者的基础，后者是对于前者的进一步发展。

● 新颖的选题往往是知识重组的结果，通过在不同领域知识之间架起一座桥梁，创造出一些“新”的东西。

● 好的研究问题不是想出来的，而是经过了一定的流程，且具有一定的要素和结构。在流程上，研究问题经过了“研究主题⇌研究主问题⇌具体研究问题”循环往复的过程。适宜的研究问题会涉及两个或者多个变量、现象、概念或想法之间的关系。

● 论文题目一般不超过20个字，并以偏正结构居多。

● 大多数研究都会兼顾理论和实践，可被称为“由应用引起的基础研究”。

● 科学进步可以被视为人类在科学知识上建立和发展共识，做出学术贡献的有效方式是共识转移和共识创造。

思考与练习题

1. 分别挑选1篇实证研究论文和1篇思辨论文，比较它们的异同。

2. 基于自己感兴趣的研究主题，挑选5篇实证研究论文，分析其题目的结构。

3. 基于自己感兴趣的研究主题，挑选5篇实证研究论文，鉴别其研究领域、研究主题、研究主问题和具体研究问题。

4. 基于自己感兴趣的研究主题，挑选5篇实证研究论文，明确论文的研究目的。

5. 基于自己感兴趣的研究主题，挑选5篇实证研究论文，鉴别其理论价值和实践价值。

第二章

文献综述

本章学习目标

- 能够理解理论的内涵；
- 能够理解文献在毕业论文中出现的位置和作用；
- 了解以作者为主体和以观点为主体的文献引用方式；
- 掌握文内引述和整块引述的格式规范；
- 掌握文献综述的结构、流程和写作方法。

第一节　如何理解“理论”

当提及“理论”的时候，不同的人会唤起不同的情感：一些人把理论视为“高大上”的、供人膜拜的东西，也有一些人将其视为“看不懂”“抽象”“没有价值”的东西。以上这两类情感有一个共同的特点，就是人对于理论有较远的心理距离，表现为感情、态度和行为上的疏离。心理距离远进一步导致研究过程中难以深入了解和运用理论，研究工作受到掣肘。鉴于此，本节致力于剖析理论在研究中的作用，促进初学者对理论形成近距离视角。

克林格对理论有个定义，揭示了理论内部的要素和结构。在他看来，理论是“一套相互联系的概念（变量）、定义和命题，通过澄清变量之间的关系而形成有关现象的系统性观点，从而揭示现象”①。由此看来，理论在本质上可以理解为概念和概念之间的关系。

在此基础上，科宾和施特劳斯对概念的作用做了解析，指出概念能够增进人们对于日常行为、习惯、疑惑和议题的理解，帮助其对问题解决形成新的理解。同时，概念也提供了可以用来交流讨论的语言，从而促进共同理解和形成意义②。根据抽象程度不同，概念可以分为低阶概念（low-level concept）和高阶概念（high-level concept）。低阶概念能够呈现出高阶概念的细节，而高阶概念则是若干低阶概念的整体轮廓。

在不同的研究类型中，理论的鉴别难度有所不同。在量化研究中，变量和变量之间的关系相对容易区分出来，理论常以一系列假设的形式来呈现。在质性研究中，理论则是对行为和态度做出解释。质性研究中的变量关系通常不太清晰，因此不会区分变量、假设，但是通常会出现一些主要的概念，并运用这些概念来对现象做出抽象的概括性解释。在质性研究者看来，理论并不是对材料的精确描述，而是对潜模式（latent pattern）的呈现。这些潜模式超越数据，是位于数据之上的、更高层次的、超越性的概念现实（conceptual reality）。

同时，理论在量化研究和质性研究中的作用有很大差异。在量化研究中，研究者通常在研究的起始阶段便基于演绎逻辑方法对当前研究进行理论推理，以假设的形式提出一种理论。其后，研究者通过一定的工具收集相关数据，并分析数据，试图测试或者验证这种理论。最后的结果通常有两种：证实或者证伪。

在质性研究中，研究者对于理论的运用方式有一定的差异。部分研究者采取和量化研究相似的思路，把理论作为概括性的、抽象的解释加以运用，对人的行为和态度做出解释。更多的研究者则试图通过一定的理论视角来引导其开展研究。

质性研究的理论大多出现在研究的讨论部分。研究者基于数据分析归纳出一

---

① KERLINGER F. Behavioral research：a conceptual approach [M]. New York：Holt，Rinehart and Winston，1979：64.

② 科宾，施特劳斯．质性研究的基础：形成扎根理论的程序与方法：第 3 版 [M]. 朱光明，译．重庆：重庆大学出版社，2015.

定的主题和范畴，然后从主题和范畴中寻找普遍性的模式、规律和理论，进而将其与已有的文献理论进行比较。

毕业论文中常出现两种不合适的理论应用：其一为没有理论；其二为理论太多，但没有整合为内在一致性的框架。如果没有理论的支撑，研究很难深入开展，更多地呈现出对于表层现象的描述。如果理论太多，则会导致部分理论成为摆设。对于论文而言，成为摆设并不是什么好事，会影响到论文结构的内聚性。

大部分量化研究遵循的是演绎法的路线，从抽象的理论开始，以看得见的实证数据作为结束。大部分质性研究遵循归纳法的路线，从实证数据开始，以理论和数据的混合作为结束。研究者借鉴当前已有理论，在经验研究和前人理论之间建立对话。

第二节　如何理解文献综述

文献综述是指确定大致主题后，通过对主题所涉及的研究领域的文献进行广泛阅读，对该研究领域的研究现状及发展方向进行综合分析、归纳整理和评论。文献综述不仅需要对所查阅资料的主要观点进行综合整理、陈述，还要根据自己的理解和认识，对综合整理后的文献进行全面深入、系统的论述和评价。

文献综述绘制了研究的发展路线，具有"承古启今"的作用。在"承古"方面，文献综述展示了特定领域的历史背景，梳理出特定研究领域的理论脉络，能够为即将开展的学术研究提供理论基础。在"启今"方面，文献综述所梳理出的研究空白和不足，让研究问题进一步明晰，能够为研究的开展提供指引和启发。

一、文献的位置和作用

文献不仅会出现在文献综述部分，还会出现在毕业论文的绪论、研究方法、研究发现、讨论和结论等部分。文献出现在不同的位置，所起的作用也会有所不同。

标题和摘要部分一般不需要引用文献。绪论部分可以通过引用文献表明本论文考虑的问题非常重要、进一步研究的价值在哪里。文献综述部分通常是文献引用最集中的地方，可以通过文献来佐证有什么问题已经解决了，以往研究出现了什么空白，这些问题为何需要解决。具体包括以下用途：

- 说明问题的来源是什么，问题为何重要；
- 指出前人已经做了哪些工作，还有哪些空白；
- 指出你将采用前人的哪些方法或结果；
- 交代你的工作将推进、补充或纠正之前的哪些工作。

引用中的文献介绍需要遵循如下原则：

- 突出原创文献，尤其是最早的工作；
- 突出里程碑工作，即那些在各年代推动研究取得重大进展的工作；
- 突出有最新进展的文献，即最近几年的文献；
- 突出具体要用到的文献，这些文献给出了你将要用到的方法、结果和结论等；
- 对于重点文献的引用，需要指出作者的姓名、研究发表的年份和具体观点。

在研究方法部分，通常情况下，毕业论文所用的研究方法大多已经定型，有明确的依据。如果在研究工具、数据收集、数据分析时采用了其他人的方法，需要通过引用文献说明提出这些方法的学者。如果使用的是经过改进的方法，那么需要指出原始文献中提出的方法，并指出改进以后的方法和那些文献的方法有区别。如果本论文对研究方法做了改进，也需要与之前的方法进行对比，指出优缺点，或者引用别人的工作以检验你的方法的合理性。

在呈现研究发现时，需要指出本研究的结果和文献的结果有什么地方是一致的，什么地方是不一致的。此时，需要引用这些文献。如果本研究发现用了一种方法，而别的文献中用了另外的方法，此时也可以用文献的结果来验证自己的结果，从而进一步证明自己使用的方法是正确的。

在讨论分析和给出结论时，需要对比文献，指出有什么新的主张和结论。讨论的目的是阐述研究发现的重要性，并解释研究发现对研究问题的新理解或新见解。讨论部分将研究发现与所回顾的文献联系起来，解释研究对于学术领域的推进作用。

二、什么是文献综述

初步确定选题之后，下一个问题是思考这个选题是否有开展研究的价值以及如何切入。此时，需要在对选题所涉及的研究领域的文献进行广泛阅读和理解的基础上，对该研究领域的研究状况（主要的学术观点、前人研究成果和研究水平、争论焦点、存在的问题及可能的原因、研究前景等）进行综合分析、归纳整理和评论，在此基础上提出自己的见解和研究思路。这个过程便是文献综述。我们经常说，“研究是站在巨人的肩膀上”，文献综述就是找到“巨人的肩膀”。

文献综述在学术研究的开展过程中具有多重角色。布特和贝勒直言，研究者如果不能理解该领域的文献，那么很难做出有价值的研究①。文献综述最直接的作用是展现研究者对特定学术领域的了解程度。在毕业论文、课题申报书中，文献综述会以“国内外研究现状”的形态出现。除了这个作用之外，文献综述对于研究问题、研究方法、理论构建等均有重要作用。高尔等人指出，文献综述对于界定研究问题边界、寻找新的研究思路、避免无价值的研究取向、获得研究方法的启示、鉴别后续研究的建议、寻找理论支持等方面均有重要作用②。哈特进一步做了补充，指出文献综述有助于区分已有研究和有待研究、发现与研究主题相关的重要变量、整合文献并获得新视角、鉴别理念和实践的关系、建立研究问题的情境、将研究问题重要性合理化、获得学术概念体系、理解研究对象的结构、将理论与实践应用建立关联、鉴别已有的研究方法和研究工具、将研究置于历史情境脉络体系③。除此之外，伦道夫指出，文献综述能够为研究提供概念框架和理论框架④。由此可知，文献综述并不是独立存在的部分，而是与其他部分有密切的关联，为学术研究提供支持。

---

① BOOTE D N，BEILE P. Scholars before researchers：on the centrality of the dissertation literature review in research preparation [J]. Educational researcher，2005，34 (6)：3-15.

② GALL M D，BORG W R，GALL J P. Education research：an introduction [M]. 6th ed. White Plains，NY：Longman，1996.

③ HART C. Doing a literature review：releasing the social science research imagination [M]. London：Sage，1998.

④ RANDOLPH J. A guide to writing the dissertation literature review [J]. Practical assessment，research & evaluation，2009，14 (1)：13.

三、文献综述的对象

文献综述的对象是前人的研究成果。常见的文献类别有学术著作、教材、期刊论文和硕博士论文四种。许多学生通常会对这四种文献进行无差别使用。然而，这四种文献并不在同样的层次上，无差别使用可能会影响文献综述的质量。

按照信息加工程度和载体的不同，文献可以分为零次文献、一次文献、二次文献、三次文献。

零次文献是指记录在非正规物理载体上的未经任何加工处理的源信息，这是一种零星的、分散的和无规则的信息。通常包括书信、论文手稿、笔记、实验记录、会议记录等。

一次文献是指人们直接以自己的生产、科研、社会活动等实践经验为依据生产出来的文献，也常被称为原始文献，其所记载的知识、信息比较新颖、具体、详尽。通常包括如期刊论文、研究报告、专利说明书、会议论文、毕业论文、技术标准等，这些文献具有创新性、实用性和学术性等明显特征。

二次文献是对一次文献进行加工整理后产生的一类文献，如书目、题录、简介、文摘等检索工具。

三次文献是指在一、二次文献的基础上，经过综合分析而编写出来的文献，人们常把这类文献称为“情报研究”的成果。通常包括学术著作、教材、综述、专题述评、学科年度总结、进展报告、数据手册等。

通过以上的分类可知，开展文献综述时常见的几类文献处于不同的层次上。其中，期刊论文、硕博士论文属于一次文献，教材、学术著作以及期刊论文中的综述性文章属于三次文献。不同类别的文献在开展文献综述时的价值并不相同。

在对一个领域一无所知之时，可以查阅教材、学术著作对这个领域建立基本的认识和了解，特别是关键概念、关键理论。然而，需要注意的是，教材和学术著作里的内容主要供自己学习使用，尽量不要出现在文献综述部分。虽然教材和专著里的内容比较系统全面，然而由于出版周期较长，内容的时效性相对较差。里面的内容多属于经典。经典是已经获得广泛认同的知识，这些知识不需要在最新的研究进展中引述。

许多学生在开展文献综述时比较依赖三次文献，特别是教材。这种情况其实非常好理解，学生从小到大接触最密切的读物就是教材了，每天都要跟它打交道。教材内容经过了系统化的梳理，结构非常清晰。通过查阅教材，可以非常便捷地把握知识架构。

然而，对于文献综述而言，这种做法其实存在很大的弊端。教材内容确实是属于系统性、结构性的知识，然而这样的知识体系属于基础性的内容，无法覆盖学术研究的前沿进展。一些教材虽然每隔几年也会修订一次，然而其时效性依然比较弱。文献综述要求把握“最新”的研究成果，这里的“最新”虽然没有统一的时间参照，学术界大多以最近5年内的研究状况作为参考。而在这一点上，教材往往难以达标。当然，这并不是教材本身存在的问题，而是学生用错了工具而已。简单而言，教材可以帮助初学者掌握基础知识，但是对于更高层次、最新的知识则帮助不大。由此，我们的主张是开展文献综述时，一般不选择教材作为主要的参考文献。

许多学生还喜欢查阅硕博士论文，因为这类论文中有文献综述部分，对于文献已经做了系统的梳理，可以直接“为我所用”。我们的看法是，对于此类文献建议谨慎使用。

首先，硕博士论文质量参差不齐。《2019年全国教育事业发展统计公报》显示，2019年研究生招生91.65万人，其中硕士研究生81.13万人。每年的硕博士论文几近百万之众，然而许多硕博士论文的质量并不高。

其次，硕博士论文本身可能并没有什么大的问题，然而这种做法容易走上“论文综抄”的歧路。许多初学者面对硕博士论文已经成型的文献综述，思路容易被带着走，直接将其中的部分照搬到自己的研究中，文献堆砌的痕迹非常明显。

别人引用某些文献时是围绕他们自己的目的，而我们引用时有不一样的目的。目的不一样，挑选文献中的材料的方式与侧重面就应该不一样，此时只有自己亲自阅读后才能引用。

对于毕业论文写作来说，最重要的参考文献莫过于学术期刊论文。因此，在查找和鉴别文献时，更为妥当的解法是：首先，查阅期刊论文中的综述性文章，把握这个领域的研究进展；其次，查阅大量的期刊论文，特别是实证研究论文，基于这些论文进行文献整合评述。

第三节 文献检索和分析

部分初学者将文献综述理解为对已经获得的文献进行加工，而忽略了前端环节——文献检索和分析。审阅毕业论文时，看到许多毕业论文看起来综述了很多内容，然而却只是边缘文献，未能覆盖关键文献，导致文献综述质量偏低。

文献检索和分析主要涉及文献检索平台、文献检索、数据提取和分析这三个环节。

一、文献检索平台

1. 中国知网

中国知网（China National Knowledge Infrastructure，CNKI），是集期刊、博士论文、硕士论文、会议论文、报纸、工具书、年鉴、专利、标准、国学、海外文献资源为一体的数据库。中国知网的日更新文献量达 5 万篇以上。检索文献时不可避免地会与中国知网打交道。中国知网收录了国内大多数学术期刊，许多人常把中国知网是否收录作为判断一个期刊是否属于国内正规出版期刊的参考标准。

2. 英文文摘和索引数据库

英文文摘和索引数据库不提供论文全文，只提供摘要和索引。这种检索方式是二次文献检索，即对一次文献进行加工整理后产生的一类文献。其中最有名的文摘和索引数据库为 Web of Science。Web of Science 是美国汤姆森科技信息集团基于 WEB 开发的产品，是大型综合性、多学科、核心期刊引文索引数据库，对于科研工作者，Web of Science 有不可替代的作用。Web of Science 最为出名的地方在于它建立了科学引文索引（SCI）和社会科学引文索引（SSCI），能够协助研究者发现高影响力的文章。在 Web of Science 检索的主界面，研究者可以进行默认检索、被引参考文献检索和高级检索等操作。

除了 Web of Science 以外，教育学资源中心数据库（Education Resource Information Center，ERIC）亦是获取教育学期刊摘要索引的重要来源。教育学资源中心数据库是美国教育部教育资源信息中心所提供的国家级教育学书目数据库。该数据库包含两部分内容，总计超过 130 万条记录：第一部分是 Resources in Education Index，包含了逾 2 200 种文献专著，由研究报告、课程和教学指南、学会论文以及书籍组成；第二部分是 Current Index to Journals in Education，覆盖了近 1 000 种教育专业期刊。

3. 英文全文数据库

此类数据库可以为用户提供全文阅读和下载服务，其中常用的是 EBSCOhost 检索平台。EBSCOhost 平台是 EBSCO 公司专为全文数据库开发的检索平台，基于该平台，可访问 EBSCOhost 大多数文献型全文数据库。文献型检索主要针对文本文献资源进行检索，日常学术检索中应用最多的就是这一检索方式。EBSCOhost文献型检索平台，即我们最常用的通过关键词检索文献的方式。

另外，随着开放存取运动的发展，许多学术资源不再收费，而是免费为所有用户开放。在尊重作者权益的前提下，开放存取运动利用互联网为用户免费提供学术信息和研究成果的全文服务。

开放存取的文献主要分为开放存取期刊（open access journals）和信息开放存取仓库（open access repository）两大类。开放存取期刊是纯网络期刊类型，对提交的论文实行严格的同行评审，从而确保期刊论文的质量。信息开放存取仓库不仅存放学术论文，还存放其他各种学术研究资料，包括实验数据和技术报告等。信息开放存取仓库一般不实施内容方面的实质评审工作，只是要求作者提交的论文基于某一特定标准格式（如 Word 或 PDF），并符合一定的学术规范。研究者可以通过谷歌学术、百度学术等学术搜索引擎或者直接通过开放期刊存储目录（directory of open access journals，DOAJ）获取开放存取论文。

二、文献检索

文献综述根据其覆盖范围，可以分为穷尽式综述（exhaustive review）、代表性综述（representative review）和目的性综述（purposive review）三种不同的类别①。

第一种是穷尽式综述。穷尽式综述致力于覆盖特定主题所有的前期研究成果，无论其是否公开发表。然而，部分相关的研究成果很难获得，比如图书馆数据库并未订阅，或者本身涉密不公开。这就使得穷尽式综述难以实施。为此，常见的处理方式是将前期研究成果的总体进行操作化界定，明确边界，从而使得文

① RANDOLPH J. A guide to writing the dissertation literature review [J]. Practical assessment，research & evaluation，2009，14 (1)：13.

献的获取具有可操作性。库珀称之为具有选择性引证的穷尽式综述（exhaustive review with selective citation）[①]。比如，研究者将文献获取方式限定为公开发表的期刊论文，会议论文、硕博士论文、图书则不在考虑范围之内。

第二种方式是代表性综述。这种方法的核心理念是从相关研究成果的总体中选取代表性样本（representative sample），根据样本的情况推断总体的情况。当文献的总量较大时，可以采取此种方式。比如，里尔致力于分析生物医学期刊中采用多元回归模型的论文的质量情况，便采取了代表性综述方法筛选相关期刊论文[②]。研究团队通过关键词搜索，筛选到 71 519 篇期刊论文。由于数据量总体过大，研究者通过随机抽样的方法抽取 500 篇论文，从而使得数据量更为可控。然而，这种方式的不足之处在于，数据的差异性较大，通过随机抽样获得的样本的可靠性可能受到质疑。

第三种方式是目的性综述。此种综述方式无须覆盖该领域的所有研究成果，仅仅选取相关领域重要的文献即可。当采取这种方式时，研究者需要详细说明，选取的文献对于该领域很重要，而未选取的文献对于该领域则不重要。

无论是采取哪种方式，研究者都需要设计系统收集数据的程序，记录如何收集数据。这样做的目的在于，假如另外一位研究者采取相同的程序收集数据，那么便可以获得相同的文献。

筛查文献的方式，主要包括电子查找和参考文献查找两种方式。电子查找是指通过关键词和关键词的组合进行查找，获得查找结果。参考文献查找的方式是通过查询已经获得的期刊论文的参考文献部分，从中选取相关的文献，直到文献达到饱和状态（没有新的论文出现）。伦道夫高度评价参考文献查找的方式，认为只有10%的论文可以通过电子搜索的方式获得，剩余 90%的论文通过参考文献查找的方式获得[③]。为此，学生可采用参考文献查找为主、电子查找为辅的方式筛查文献。

确定文献综述方式之后，便可以启动文献检索程序，有目的地检索筛选文献。通过文献检索鉴别发现高质量的文献是开展文献综述的重要前提。如何辨别

---

① COOPER H M. Organizing knowledge synthesis：a taxonomy of literature reviews [J]. Knowledge in society，1988，1 (1)：104－126.

② REAL J，FORNÉ C，ROSO-LLORACH A，et al. Quality reporting of multivariable regression models in observational studies：review of a representative sample of articles published in biomedical journals [J]. Medicine，2016，95 (20)：36－53.

③ RANDOLPH J. A guide to writing the dissertation literature review [J]. Practical assessment，research & evaluation，2009，14 (1)：13.

文献质量的高低，方法层面上可以参考以下两道筛选程序：

第一道筛选程序主要是从实用的角度，寻找那些与主题相关的，以能看懂的语言写成的（通常为英文和中文）和发表在官方认可的学术期刊上的研究。其中，最为常用的方法是利用文献搜索引擎检索文献。在文献检索初期，不太了解相关领域时，可以采用这种方法。利用文献搜索引擎检索文献时，需要选择适宜的检索词，并根据检索结果调整策略。

检索词决定了能够被检索到的文献结果，故而选择合适的检索词非常重要。检索词应尽量选择重要的学术概念，避免口语化的表达。适当使用连接词“并含”“或含”“不含”把几个检索词连接起来，从而获得更加精确的结果。

除了检索词以外，还可以调整检索字段来改善检索结果。常用的检索字段有主题、关键词、篇名、主题词、摘要、全文等。如果使用全文检索，结果的数量可能会比较大，但是会产生一些相关性比较低的结果。如果使用篇名检索，检索结果往往比较精确，但数量可能偏少。相对而言，使用主题或者关键词检索，检索结果在数量和质量方面会有所平衡。

当使用中国知网数据库进行文献检索时，我们希望检索到的论文能够代表这个领域的权威知识。对此，在中国知网中有个小工具很有帮助，即在“来源类别”中选取“核心期刊”“CSSCI”“CSCD”三个类别，如图 2－1 所示。

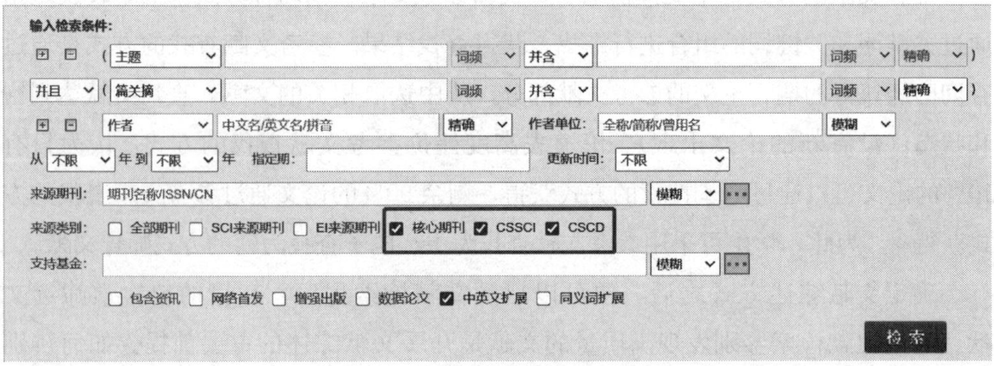

图 2－1　文献来源类别的选取

需要说明的是，“核心期刊”“CSSCI”“CSCD”虽然代表国内期刊中的权威，但是并不意味着这些期刊发表的论文与该研究领域的权威知识能够完全画等号。除了这些期刊之外，还会有很多有价值的论文发表在非核心期刊上。故此，这种筛选方式其实也有一定的局限性。初学者在最初检索时，可以使用来源类别这个工具来检索主要的文献。等有了一定的积累之后，再通过“滚雪球”方式收集其他期刊上发表的论文作为补充。

第二道筛选程序是从质量的角度，鉴别最符合研究者收集良好证据的方法的研究。研究者可以预先设置一定的筛选标准，比如主题的相关性、研究的类别（实证/思辨）、样本容量、抽样方法等，对所获得的文献进行筛选过滤，剔除低质量文献。

基于以上两道筛选程序，确保自己检索到与研究高度相关、高质量的文献，为下一步的文献评述提供了保障。

一般来说，几乎所有的研究主题都能找到大量的文献做支撑。为此，需要从中做筛选，重点关注与具体研究议题相关的两类文献：重要文献和前沿文献。重要文献是指具有开创性或者重大突破意义的图书或论文，具有较高的被引量，涉及主要的理论和学术概念；前沿文献是新近发表的能够展现相关领域最新进展的文献，比如近 5 年发表的论文。

当搜索到的文献资料极少甚至根本不足以支撑自己所要开展的研究时，通常并不是该领域过于前沿导致相关研究不足，有可能是所选择的学术视角过于狭窄以致材料不够健全。对于这种情况，可考虑将关注的视野拓宽，在相对宽广的学术领域中搜索文献。如果宽泛领域文献检索结果依然不尽如人意，则有可能是所选择的研究主题学术价值不高。此时，可考虑跟导师再讨论，决定是否更换学术视角或者更换研究主题。

除了在搜索引擎中直接键入关键词这种方法以外，还可以通过“往后看”“往前看”“追着看”的方法作为辅助。

●“往后看”。看到一篇好论文以后，可以使用文章末尾的参考文献列表，从而获得更多自己感兴趣的文献。

●“往前看”。如果发现了几年前的一篇好论文，可以查找在此之后，有哪些文章引用了它，将文献“向前推进”。

●“追着看”。经常翻阅自己关注的学术领域的重要期刊，像追剧一样，每更新一期就看一期，从而获得最新的研究动态。现在更为方便的是，许多期刊都开设了微信公众号，即时更新新一期的内容。可关注这些微信公众号，利用碎片化时间进行学习，不断更新自己的知识库。

三、数据提取和分析

当文献库确定以后，就可以着手从文献中提取数据。数据提取是指研究者系统地从文献中提取有价值的内容。一些初学者在提取数据时，往往带着学习的目的，从文献中寻找自己原来不知道的观点，有选择性地摘录下来。这种方法导致的结果往往是碎片化地记录了一些观点，这些观点或许是有价值的，但是从系统整理研究结果的角度来看，这并不是好的做法。

数据提取是一种系统化的程序，致力于以特定的关注焦点（focus）作为依据，从每一篇文献中提取符合焦点的内容。在此过程中，重要的不是观点本身是否新颖，而是按照关注焦点提取相应的数据。库珀认为，文献综述数据提取的焦点主要有研究结果、研究方法、理论、实践和应用这四种类别①。

● 研究结果是文献综述开展数据提取时最为常见的焦点。研究结果导向的文献综述有助于鉴别当前研究在研究结果方面的不足，基于这种不足提出自己的研究目的。

● 研究方法致力于鉴别关键变量、测量工具、数据分析方法，为自己的研究开展提供方法上的支持。研究者如果发现前人研究在研究方法上存在不足，就可以将研究方法的完善作为创新点，进而得出更加可靠的科学结论。

● 理论取向致力于确定已经存在的理论、理论之间的关系以及现有理论在多大程度上获得实证支持。从理论取向出发有助于明确当前理论存在的不足，证明提出新理论的必要性。

● 实践和应用取向则致力于关注特定的举措是如何实施的或者特定的人群是如何推进实践开展的。从实践和应用取向出发有助于发现当前的教育实践存在的不足之处，并且通过研究提供解决之道。

数据提取的焦点确定之后，就可以进一步搭建文献的结构框架。此处，可以用的一个工具是文献结构图。文献结构图是研究者关于研究主题的文献研究视图，以可视化图表为自己梳理文献提供清晰的组织结构，避免文献平行列举的问题。

通过文献结构图梳理文献组织结构，有助于获得已有文献的总体看法。将

---

① COOPER H M. Organizing knowledge synthesis：a taxonomy of literature reviews [J]. Knowledge in society，1988，1 (1)：104 - 126.

自己的研究和已有的文献衔接起来，了解自己的研究对于已有研究而言是一种推进、拓展还是重复。设计文献图可以采用层次结构，从上到下列出代表文献，在末尾写明将要进行的研究。具体而言，文献结构图的绘制可遵循以下要点：

- 把文献综述的主题放到层次结构的顶端；
- 将文献内容归纳整理，组织成 3～4 个明确的二级主题；
- 二级主题下，分别标注相关研究的主要结果和文献出处；
- 二级主题下，一些分支比另外一些分支更深入，这种深度取决于可获得的文献的数量和作者探讨该主题的深度；
- 打算进行的研究放到最底端，并且用线条将其与已有文献之间建立关联，表明这项研究是以当前研究为基础的，是对当前研究的延伸。

在具体的内容排布上，文献综述可以围绕自己面对的问题，介绍研究历史发展、研究进展等，最后给出文献述评。研究历史发展强调以往研究历史发展脉络、里程碑进展。对于重点文献的引用，需要指出作者的姓名、研究发表的年份和具体观点，必要时可采用直接引用的方法。研究内容按照主题进行分类，各自对应一个子节。最后用一个子节来做文献述评。文献述评包含重要研究发现和结论，遗留的主要问题以及解决这些问题的必要性，自己的研究目的、主要思路和方法。

第四节 文献的结构化分析工具

许多学生在开展文献综述时，虽然知道应该批判性地阅读和分析，然而对于如何落实到行动上缺少可行的方法。市面上出版的关于研究方法的著作对于如何开展文献综述语焉不详。这导致文献的批判性分析大多停留在口头上，难以落到实处。鉴于此，本节将文献综述视为结构化分析，为初学者提供文献编码表、文献结构关系、三明治引用法这三种结构化分析工具。

一、文献编码表

在做文献整合时，许多学生常常面临困惑。他们能够细致地学习并掌握教材内容，逐字逐句阅读，用各种颜色的记号笔做出标记，把重要的知识点摘录到笔记本上。然而，等到做文献整合时，又无所适从。在他们看来，文献整合大致等同于“细致学习文献＋领悟教育理念”。当出现困难时，要么归结于查阅的材料不足，要么归结于思考能力不足。

以认真阅读、认真领悟为核心的学习方式是进入大学之前主要采用的学习方式。此种学习方式也着实帮助许多学生熟练掌握了课程知识，并在考试中取得成功。布朗和基利将支撑这种学习方式的思维称为“海绵式思维”①。这种思维方式倾向于尽可能多地吸收外部的知识，将所获取的知识视为进一步开展复杂思考的基础。然而，这种思维方式相对比较被动，对所学内容深信不疑，并不会对纷至沓来的信息和观点做出取舍。

然而，海绵式思维并不适用于文献整合。文献整合虽然也涉及阅读和领悟，但并不是逐字逐句地“吸收水分”，而是有针对性地筛选阅读中的关键信息并加以整合。换言之，文献整合是对论文中反复出现的模式和主题归类组织。查阅文献并不是虔诚地接纳，而是对信息进行筛查，判定其是否属于自己需要的类别。

钟和顺认为学术论文是一种在结构、技巧和语法方面可解码的文本②。通过结构性的拆解，能够从中提取论文的主要观点，指出它的不足、遗漏点、局限、空白点等。为此，他设计了文献编码表这一工具，通过添加标签的方式，对文献中的关键信息进行标记。为了便于识别，标记被简化为缩写的字母，叫“阅读密码”③。之所以可以这样操作，是因为社会科学论文，特别是实证研究论文，都是按照通用的结构和模式撰写的，可以按照通用结构和模式进行分解。阅读密码最大的作用是将文献的批判性阅读分解为可操作的步骤，按照步骤施工即可实现目标。

钟和顺将阅读密码区分为基于文献内容的标签和基于评论的标签两种类型。基于文献内容的标签主要是对文献中已有内容进行鉴别，并加以标注。基于文献内容的标签包括 WTD（what they do，他们要做什么）、SPL（summary of previous literature，现有文献综述）、CPL（critique of previous literature，现有文献批评）、GAP（空白）、RAT（rationale，理论依据）、ROF（results of findings，

① 布朗，基利．学会提问：第10版［M］．吴礼敬，译．北京：机械工业出版社，2013.

② 钟和顺．会读才会写：导向论文写作的文献阅读技巧［M］．韩鹏，译．重庆：重庆大学出版社，2015：前言Ⅶ．

③ 同①19.

研究结果)、RCL (results consistent with literature，与现有文献观点一致的研究发现)、RTC (results to the contrary，与现有文献观点相反的研究发现)、WT-DD (what they did，他们做了什么)、RFW (recommendations for future works，对未来研究的建议)。具体内容如表 2-1 所示。

表 2-1 文献编码表中基于文献内容的标签

文中位置	缩写	名称	含义
前言	WTD	他们要做什么 what they do	作者声称打算在论文中做什么。这一密码可以提炼出作者在论文中提出的主要问题
文献综述	SPL	现有文献综述 summary of previous literature	前人研究结果的综述。需要进一步提炼，能够理解复杂的观点并将其浓缩为简短的话
	CPL	现有文献批评 critique of previous literature	作者评论现有学术文献并指出其局限。CPL 通常紧跟 SPL，已有文献的不足意味着本研究的必要性
	GAP	空白	指出现有文献的缺失。基于 CPL 和 GAP，可以推测 RAT
	RAT	理论依据 rationale	提出选题依据，证明其研究的必要性。基于 CPL 和 GAP 产生
研究结果	ROF	研究结果 results of findings	呈现主要的研究结果，会在论文的摘要、研究发现和结论部分出现
讨论	RCL	与现有文献观点一致的研究发现 results consistent with literature	该论文与现有文献观点一致的研究发现。该论文能够支持前人研究的方面
	RTC	与现有文献观点相反的研究发现 results to the contrary	该论文与现有文献观点不一致的研究发现。该论文并不支持前人研究的方面
结论	WTDD	他们做了什么 what they did	WTD 的姊妹问题，作者在文中确实回答的问题
	RFW	对未来研究的建议 recommendations for future works	作者对其他研究者未来研究提出的建议

基于评论的标签是指对文献内容加以评述，并对评述内容进行标注。基于评论的标签主要包括 POC (point of critique，批评点)、MOP (missed obvious point，明显的遗漏点)、RPP (relevant point to pursue，待探讨的相关问题)、WIL (will，能否)。具体内容如表 2-2 所示。

表 2-2　文献编码表基于评论的标签

缩写	名称	含义
POC	批评点 point of critique	现有文献的缺陷。可供自己批评并在自己研究中加以弥补的地方
MOP	明显的遗漏点 missed obvious point	该论文在理论、概念、方法上明显有遗漏的地方
RPP	待探讨的相关问题 relevant point to pursue	基于 MOP，有待自己进一步探讨的问题
WIL	能否 will	能否将文中所运用的概念进一步梳理，化解文章中出现的矛盾或解决问题

使用这套编码系统时，学生可以将阅读密码录入 Excel 中，根据阅读密码对文献内容进行筛查。开始使用时可以放慢速度，让自己的思维熟悉这套编码方式，其后就可以逐步加快了。同时，文献编码也有助于将阅读过的文献存档，在未来的学习和研究中复用。等到后续需要再次使用文献的时候，就不需要查阅原始论文了，而只需要翻阅文献编码表即可。

二、文献结构关系

文献梳理是一项创造性工作，在看似没有关联的文献之间寻找关联，将松散的文献材料“缝合”为一个整体。打个比方，商铺摆放了很多块不同颜色、质地的布料，普通人眼中它们只是布料而已。然而，在技艺高超的裁缝眼中，它们以不同的方式组合起来，就可以变成华美的衣服。文献材料的“缝合”方式，主要有四种类别：

- 类同关系“A＝B”，研究主题和结论一致，可以合并同类项；
- 继承关系“A→B”，一篇文献在另一篇文献基础上开展，向更深层次推进；
- 反对关系“A＞＜B”，两篇文献对于同一问题有不同的理解或解释；
- 类属关系“C⊃（A＋B）”，两篇文献针对的具体问题不同，然而这些具体的都是某一个更大问题的子类，因而这些具体问题可以合并。

这四种结构关系相当于四种颜色的丝线，将不同的原始材料缝合为一个整体。基于这四种结构关系，可以将不同来源的文献材料整合为新的整体。而这个新的整体也成为自己开展研究的知识基础。

三、三明治引用法

许多学生在引用文献材料时会遇到困难，不知如何恰当地引用文献：一些学生会直接将原作者的话照搬到自己的论文中，导致论文重复率检测超标；有的会对原文进行措辞上的修改，虽然论文重复率检测合规，然而受到不同文献来源的影响，整体在表述上显得支离破碎，未能形成有机的整体。

这些方法均未能践行文献引用的关键要点，即以文献材料作为证据来佐证自己的观点。在进行文献引用时，需要明确地告诉读者，文献材料是如何支撑自己的观点的。基于此，我们提供一种相对可靠的文献引用方法，叫作“三明治引用法”（quote sandwich）①。这种引用方法可以达到如下效果：

● 让读者知道证据来源以及证据为什么是可信的；

● 让读者确信本研究提出的主张是有据可循的，而不是拍脑袋得出来的；

● 能够表明文献来源对相关信息的态度；

● 这样的引用也可以视为本文作者与文献来源的对话，告诉读者本文作者是如何理解相关文献的。

在内容上，三明治引用法主要包含三个基本要素：

● 阐述论点。首先陈述本研究的观点或主张，即接下来的引文所要支撑的论点。

● 介绍引文。阐述引文的主要观点，并提供引文来源的相关信息。在介绍引文时，尽可能包含原文的关键概念，并以转述的方式加以引用。为了能够让读者更为清晰地鉴别引文内容，可以使用指示词（signal phrase）加以标记，比如，“××指出/认为/研究发现”“按照××的观点”。

● 评论引文。对引文进行评论，指出这段引文意味着什么，引文和自己研究的关联在哪里，解释这个文献为什么很重要。需要注意的是，从篇幅上来讲，对引文的评论应该至少和引文介绍一样长，或者是略长一些。

当一个“三明治”做好之后，这个“三明治”既是一个完整的单元，又可作为更大层面的论述的子模块。若干的大大小小的“三明治”共同构成了文献综述部分。

---

① https：//stlcc. edu/student-support/academic-success-and-tutoring/writing-center/writing-resources/quote-sandwich. aspx.

第五节 文献引用规范格式

毕业论文通常都会引用大量的前人研究成果，文献引用需要满足严格的格式规范要求。文献引用主要包括一般引用（citation）和直接引述（quotation）两种方式。一般引用是指用自己的话转述别人的观点和见解，直接引述则是把别人的话原原本本地引用到论文中。

一、一般引用

一般引用是文献引用最为常用的方式。研究者常说“研究是站在巨人的肩膀上”，明确“巨人的肩膀”到底是什么样的是学术研究很重要的部分。而这一部分主要是对已有研究发现进行梳理，文献引用较多。建议采用一般引用的方式，而不是直接引述的方式。转述别人的观点有助于研究者在不同研究之间建立关联，将不同研究“缝合”为一个新的整体。反之，如果采用大量的直接引述，不同的研究成果写作风格之间的差异可能导致拼合成的文献引用难以协调一致。

一般引用大体有两种方式，分别是以作者为主体和以观点为主体。

第一种，以作者为主体，能够起到突出作者的作用。在表达格式上，作者作为句子的主语。例如，“Miranda 指出，文献引用主要包括一般引用和引述两种方式[15]”（顺序编码制）或者“Miranda（2016）指出，文献引用主要包括一般引用和引述两种方式”（作者＋出版年制）。

第二种，以观点为主体，能够起到突出观点的作用。在表达格式上，阐述观点，在句末给出交叉引用信息。例如，“文献引用主要包括一般引用和引述两种方式[15]”（顺序编码制）或者“文献引用主要包括一般引用和引述两种方式（Miranda，2016）”（作者＋出版年制）。

如果觉得文献中有一段话特别精彩，打算原文引用的话，则会用到引述的功能。如果引述内容比较短，则将这段话加引号，在末尾添加交叉引用信息。如果引述内容超过 4 行，则需要将这段话单列成段，采用两端缩进或选用不同字体的方式与正文其他部分加以区别。需要注意的是，引述时需要指出这段话在原文所处的页码或页码范围，如“（Miranda，2016：315）”或“[15]315”，此处的 15 指的是序号，315 是原文的页码。

二、直接引述

直接引述主要在以下三种情况下使用：

- 从前人研究中获得对某个学术概念或术语的精确的定义；
- 在已有研究成果中发现有些研究者的表述很生动或精辟；
- 打算对某些表述做出回应。

直接引述包括文内引述（in-text quotation）和整块引述（block quotation）两种。它们的差异在于直接引述的文本的长度。按照 APA 格式，如果直接引述文本少于 40 个字，则采用文内引述的方式；如果多于 40 个字，则采用整块引述的方式。

文内引述的格式要求相对比较简单，将引述内容加双引号插入段落即可。一般情况下，引述内容的首尾无须加省略号，除非原文中有省略号。

整块引述的格式要求相对比较复杂。采用整块引述时，可以采用以下的格式对引述内容进行规范化处理：

- 在整块引述前的句子结尾处加个冒号；
- 整块引述内容另起一行，单独成段；
- 整块引述内容的字体采用与正文不同的字体，比如正文采用宋体，则整块引述内容可采用楷体；
- 不需要额外给整块引述两边用引号，因为整块引述内容和正文部分以不同字体区分开来，而且用的是特殊格式，所以无须再用引号了；
- 整块引述段落左侧缩进 0.74 厘米，选中引用段，点击 TAB 键一次，使得引用该段落比文章其他部分缩进 0.74 厘米。

常见问题解析

常见问题列表

- 文献阅读与论文写作分离；
- 文献综述变成了“文献综抄”；
- 用中国知网搜索英文文献；

- 文献过多；
- 文献转引；
- 文献老旧；
- 理论的无效列举；
- 文献的平行列举；
- 国外文献综述写成了外国教育介绍；
- 文献评述质量不高；
- 填补了一个价值不大的空白；
- 概念界定的学术性不足。

常见问题 1　文献阅读与论文写作分离

问题状况

有学生反映：“老师扔来的书籍文献越来越多，很多都是英文版本的，读起来越来越慢了，质量也越来越低。”

解析

教育专业学生常把自己想象成能够不断吸水的海绵，试图通过阅读来吸收更多的知识，让自己变得更加博学。以“十年磨一剑”的方式不断积累，试图在某个时间点上（比如，在毕业论文写作的时候）突然顿悟，写作像自来水一样从水龙头里哗哗往外流。这种想法将“输入”和“输出”的过程分割开，并且认为输入到一定程度之后自然会产生输出。

然而，这种理解是对文献阅读和毕业论文写作的误解。

进入大学之后，学习方式实际上已经发生一次重大的转变。上大学之前，每个学期发放教材，学习的内容主要是经过系统整理的、体系明晰的知识。然而，踏入大学门槛之后，教材只是学习内容很少的一部分，大量的学习变成了查阅海量文献。通过海绵吸水的方式逐字阅读、精细化地熟记知识几无可能，也没有什么价值。为此，需要转换学习方式，对文献内容进行批判性阅读，并且尽量转化为输出。具体而言，包括以下几个方面：

- 在开展文献阅读之前，需要明确自己的心理目标：我心里有什么困惑或疑问，希望通过阅读来回应困惑。如果没有什么困惑或疑问，阅读的效果通常会比较差。
- 选择文献时，首先花少量的时间大致浏览一遍，了解一下文献的主要内容。

然后，选择自己关注的章节阅读，边阅读边做笔记。做笔记不是原文摘录，而是进行转述，是自己对于文献内容的理解，并记录在阅读过程中新的想法和困惑。

- 阅读的成效不是读了多少本书，记住了多少理论，而是做了多少笔记。
- 从笔记中寻找新的线索，为进一步的阅读提供指引。
- 盘点笔记，将笔记的一部分整理出来，变成论文的一部分。

回应一下上面这个案例反映的问题。当任课老师或者导师提供参考文献时，带着虔诚的心态开展精细阅读，效果可能并不好。应该首先确定困惑是什么，然后选择合适的文献来回应这些困惑。如果没有困惑的话，可以去看看一线的教育实践，或回过头看看自己学过的课程，或跟一些要好的同学聊天，找到一些有兴趣的关注点。

特别是英文文献阅读，对于教育专业学生而言，是一件非常困难的事。许多学生的英语学习主要用于通过四六级考试。在多年的英语学习中，他们积累了大量的做题经验。然而，在专业的英文文献阅读中，这些经验和能力并不会用到。许多认真学习的学生在阅读英文文献时，准备了英语词典，把不会的单词一一翻译出来，甚至标上音标，试图熟练掌握它们的用法。然而，花了大量的时间之后，依然不知如何梳理国外研究现状。这种方法实际上是把典型的英语学习方法用到了英文文献阅读和综述之中。需要注意的是，英文文献阅读的目的和英语学习有一定的差异：英文文献阅读的目的是对特定研究主题的相关研究状况特别是前沿研究状况进行梳理，而学习英语的目的是提升英语能力。

无论中文文献还是英文文献，文献综述在操作上都不是逐字逐句学习，而是有针对性地筛选文献中的关键信息并加以整合。具体的操作方法可查阅本书第二章第四节的文献编码表、文献结构关系和三明治引用法。其中，文献编码表可以帮助筛选关键信息，文献结构关系可以对文献进行整合，三明治引用法则进一步以文献作为证据来佐证自己的主张。

常见问题 2　文献综述变成了“文献综抄”

问题状况

曾经看到有的学生，查阅了一些硕博士学位论文和著作，直接把对方文献综述部分的内容拿过来，很快就拼凑了自己的文献综述。内容洋洋洒洒，但是谈及文献综述对于自己研究的作用，却又不知所以。

解析

与细致的文献阅读和梳理相比，文献综述则是一种快捷方式，能够很快地出结果。然而，这种情况下产生的文献综述，质量很难达到要求，更多的是文献堆积。出现这种情况，显示出作者对于文献综述的作用并不理解，只是由于毕业论文需要有这个模块，而被动地执行文献综述的操作。

当研究问题还不明确时，文献综述是产生研究问题的重要途径。如果对某个主题感兴趣，那么通过查阅和整理该主题下的相关文献，能够发现该领域的关键的学术争论或重要议题，并在此基础上形成自己的研究问题。这里的文献查阅和整理不需要系统，而只要选取关键文献获得自己关注的信息即可。

当研究问题大致明确以后，通过文献综述来证实这个研究问题在前人研究中并未得到很好的解决，属于研究空白。此时需要做系统性的文献综述。广泛收集该领域的重要文献，梳理相关研究开展的情况，判断其在多大程度上解决了相关的问题，发现研究的空白，进而明确自己的研究问题。此处需要注意的是，前人未解决的研究问题并不一定意味着是好的研究问题。还有一种情况是，这个问题对于学术发展没有什么贡献，因此研究者并不关注。

常见问题 3　用中国知网搜索英文文献

问题状况

以下内容摘自教育专业学生毕业论文的文献综述部分：

由于中外文化差异，难以找到关于语文绘本教学的外文文献，所以笔者扩大范围，以绘本教学为关键词展开对外文文献的检索。在中国知网上以“picture book instruction”或者“picture book teaching”为关键词找到的相关文献总共只有19篇。

解析

曾经看到有的学生，试图用中国知网查找英文文献。在其心目中，中国知网俨然成为文献查阅的万能工具。

需要说明的是，中国知网也有自己的硬边界。中国知网的主要功能是查找国内文献，在查找外文文献方面，却是一个弱项，只能检索出少量的外文文献。其原因在于，主要的外文期刊并未被中国知网数据库收录。

用合适的工具来做合适的事。如果是搜索中文文献，可以使用中国知网；如果是外文文献的话，建议用专门的外文检索平台，比如 EBSCOhost。

常见问题 4 文献过多

问题状况

下面的内容来自教育专业学生毕业论文的文献综述部分：

笔者在 CNKI 上以“识字教学”为主题词进行检索，时间范围为 2002—2022 年，笔者发现近 20 年与“识字教学”相关研究共 23 561 篇。笔者在 EBSCOhost 数据库里以“second language teaching”为主题词进行检索，时间范围为 2002—2022 年，共检索到 6 253 篇外文文献。

解析

文献检索并不是直接接纳通过关键词检索到的全部结果，而是“以点带面”，筛查出关键文献并对关键文献进行梳理，绘制该领域的研究图谱。

本案例中所检索出的中英文文献数量很大，已远远超出了学生所能把控的范围。当检索结果过多时，通过关键词筛查到的结果并不能直接使用，而是需要收缩检索范围。

文献搜索的目的是获取自己所关注领域的代表性文献，建立文献库。需要注意的是，文献库内的文献并不涵盖这个领域的全部文献，而只是按照清晰的标准筛选出来的关键文献而已。在搜索过程中，不重要的边缘性文献被剔除在外。

文献搜索通常包括初级搜索和精确搜索两个环节。关键词搜索是一种常见的初级搜索工具，能获得文献大致的范围。然而，在大致范围内，仍然会有大量的文献成为漏网之鱼，并不符合我们的筛选条件。大致范围内的文献数量没有绝对的标准，通常是几百。当找到的论文数量超过这个数字很大或者过小的时候，需要对搜索结果进行优化。

通过初级搜索获得大致范围后，需要通过精确搜索锁定文献。逐条查阅论文标题和摘要，将符合条件的文献筛选出来，不符合条件的文献剔除，从而形成真正的文献库。真正的文献库通常只有几十篇论文。

本案例中的文献搜索属于失败的文献搜索。可能的原因是关键词设定过宽，或者是筛选条件中未设置只筛选核心期刊论文。当搜索结果为几百条文献时，相对比较适合进行第二步的精细筛选。

由于关键词搜索可能遗漏一些重要的文献，进而在第二步精细筛选时无法涉及。此时，便需要通过一些辅助性手段加以补充。常见的辅助手段包括：

● 选择该领域的一流期刊（CSSCI、SSCI），查找近期发表在这些期刊上的论文。

● 查找该领域有影响力的学者发表的研究成果。若能找到这些学者撰写的相关研究领域发展历史的综述性文章（review），可以协助大家获得一个整体性的了解，从而更加清晰地掌握这个领域的研究状况。

● 从图书馆或数据库中查找以“handbook”为名的论文集。此类论文集通常由业内专家编著，能够体现研究领域最重要的学术进展。

● 利用谷歌学术查找引用次数排名较高的文献。

在文献检索方式的陈述方面，以下的文献检索表达句式供参考：

本研究以××、××等作为检索词，以2002—2022作为研究成果发表区间，搜索中国知网数据库中的CSSCI期刊论文。基于所获得的检索结果，进一步对论文标题、摘要、结论进行精细化的筛查，选择高质量的文献。同时，本研究亦通过引证文献的线索，进一步弥补关键词搜索可能遗漏的重要文献。基于以上步骤，最终获得与本研究高度相关的××篇中文期刊论文。

常见问题5　　　　文献转引

问题状况

2.1　国外研究综述

德国克林伯格（Klingberg）在进行英语口语方面研究时提到了口语教学对话法，他把作为优秀教学标杆的英语对话教学理解为形形色色的对话，他认为英语口语教学就是多方面、多层次的相互交流过程。[1]英语教学课堂中教师可灵活运用对话教学法对学生的口语进行相应训练。

[1] 期刊论文×（文献详细信息略）

解析

文献转引是毕业论文中常出现的现象。学生看了某篇文章以后，将文章中某些引用直接拿过来用，而不去查找原始的文献出处。比如，以上案例中，学生查看了期刊论文×之后，发现里面有一段话：

德国的克林伯格提出了著名的“对话教学法”，他认为，在所有的教学中进行着最广义的“对话”，不管哪一种教学方式占支配地位，相互作用的对话都是优秀教学的一种本质性标识。

于是，这位学生便对以上这段话进行转写，并直接把出处标注为读过的这篇文章。然而，问题在于这位学生并未查阅原始的文献出处，而期刊论文×中亦没有标注克林伯格的文献出处。文献几经转手之后，很容易出现断章取义，我们不知道克林伯格的原始观点是什么，甚至无法确信这位学者有没有说过这样的话。

对于文献转引的现象，一般情况下认为严谨的论文应避免以转引的方式引述第三方观点，而应该尽力查找文献的原始出处，从原始文献中获得准确的文献信息。少量特殊情况下，确实无法找到原始文献而不得不采用转引时，也需要使用关键的可靠的文献出处，并且标注“转引自”三字，以便读者识别。如果毕业论文中出现大量转引文献的话，论文的可信度便会被质疑。

常见问题6　　文献老旧

问题状况

下面这一段材料摘自教育专业学生毕业论文的文献综述部分：

教师作为研究者的身份成为相关研究关注的焦点。……20世纪60年代，斯滕豪斯（Stenhouse）在“人文课程运动”中明确提出了“教师即研究者”概念……其后，在20世纪80年代，美国哲学教授舍恩（Schön）进一步发展了“教师即研究者”的观点，提出了“教师即反思性实践者”概念……

这位学生试图对教师作为研究者的历史脉络加以梳理，寻找这个概念的起源，并追溯到20世纪60年代的斯滕豪斯，再来到20世纪80年代的舍恩。然后，历史梳理的部分到舍恩便戛然而止。这不禁让人困惑：教师作为研究者身份的相关研究难道在舍恩之后就中断了？事实恐怕不是这样的。读者希望看到的是一条完整的线索，而不是只截取了历史的某一段。

解析

对于本科生和研究生来说，文献综述的主要着眼点是国内外研究现状。学术研究的目的在于基于前人研究并且超越前人研究。基于前人研究意味着需要梳理文献中最新、最领先的成果，讨论以往研究与当下研究的关系。倘若文献过于陈旧，意味着研究者对于近期研究发展状况并不明晰，基于陈旧文献得出的主张或者发现的研究空白会受到质疑。因为这样的研究空白可能已经有很多研究涉及了，并不是空白，只是自己不知道而已。当下打算开展的研究将前人研究作为基石，而陈旧文献会导致基石不稳，在不稳的基石之上再搭建新的建筑很有可能出现坍塌。

文献选择有一个基本原则就是由近及远。因为最新的研究通常会将以前的研究作为佐证材料，查询最新的研究后顺藤摸瓜，往往可以梳理出研究发展的脉络。本案例中出现的文献过于陈旧，可能是这位学生查阅了经典教材并从中选取了一段论述所致。出发点的错误导致文献综述难以触及当下研究进展。

对于什么叫现状，并没有一个确定的时间节点，通常是近 10 年。长时段文献的缺失，会让人质疑毕业论文的作者对于研究领域不熟悉，只是从年代久远的教科书中摘取了一些内容而已。同时，如果过时的文献所占比例较大，则说明论文内容也较陈旧，缺乏创新点。虽然我们需要肯定有些文献属于经典，能够经受得起时间的历练，即便历时长久也不褪色。然而，此类文献毕竟是少数。对于大多数文献而言，所在年代越久远，其参考价值就越低。

这里涉及一个衡量各个学科领域文献老化量度指标——普赖斯指数。普赖斯指数由美国科学家普赖斯于 1971 年提出，指在具体学科内，把对年限不超过 5 年的引文数量与引文总数之比当作一个指标，用以量度文献的老化速度与程度。普赖斯指数在一定程度上可以反映作者对该领域的研究成果了解和掌握的程度。如果论文所涉及的问题是目前国内外正在研究的热门课题，则近 5 年内的文献引用比例应较高。一般要求，普赖斯指数为 50%～70%，即所引用文献中 50%～70%应该是近 5 年内发表的文献。

如果是博士研究生，可以通过梳理历史发展，看到学术概念内涵的转变，这有助于了解这个研究领域的发展变化。在梳理历史发展时，可以用这几个问题作为引导：

- 该领域是怎样发展演变至今的？
- 该领域是否存在某种发展趋势？
- 该领域是否存在某种争议，又是否达成过某种共识？

常见问题 7 **理论的无效列举**

问题状况

下面这一段材料摘自教育专业学生毕业论文的文献综述部分：

1. 有关情境教学模式的研究

以情境认知与学习理论和建构主义为基础产生了许多情境教学模式，其中具有代表性的是以下几种教学模式：

（1）抛锚式教学模式

…………

（2）认知学徒制

…………

（3）情境教学模式

…………

（4）“情境-问题”教学模式

…………

解析

在这个案例中，我们看到一种教科书式的理论罗列。这个案例清晰地列举并介绍了四种不同的教学模式。然而，问题在于，当列举完以后，论述戛然而止。在这样的理论列举中我们看不到作者的主张是什么。论文和教材不同，教材的编写者通过将成熟的理论加以汇编，为读者呈现成熟的知识体系。然而，论文则是以特定的理论作为基础，引出自己的研究。换言之，如果所列举的理论与研究者自己的研究无关，则不需要列举。

在这个案例中，如果这篇论文打算沿着其中的一种教学模式，探讨该教学模式是如何在学校教学中运用的，那么需要进一步对这四种理论模式进行比较分析，论述为何选取这一种教学模式，而不是别的教学模式。

常见问题8　　　　文献的平行列举

问题状况

下面这一段材料摘自教育专业学生毕业论文的文献综述部分①：

在对于儿童群体关系的现有研究中，较少发现直接对流动儿童和当地儿童群体关系的理论和实证研究。董××（2012）用量化方法研究了流动儿童群体偏好的特征，得出两个群体都有明显的外群偏好，城市儿童更偏好内群，而且群体偏好与性别无关，与年级和进城时间有关；孙××等人（2015）研究了流动儿童的群体焦虑对学习记忆的影响；黄××（2011）研究了群体关系结构对流动儿童城市适应的影响，认为低稳定性、高渗透性的群体结构有利于儿童城市适应，内群认同和外群认同都对城市生活适应起积极作用；邹××（2012）认为元刻板印象一定程度上阻碍了城市儿童与流动儿童群体接触，两个群体之间接触的量少且质一般，流动儿童的群际焦虑水平更高；陈××等人（2015）研究了群体边界可渗透性和群体地位稳定性与儿童孤独感的关系，认为提高流动儿童融入感可使两个群体边界更灵活。

解析

文献堆砌是毕业论文中常见的问题。在操作时将研究结论和发现逐一列举出来，“原汁原味”地呈现给读者。典型的文献罗列形式：“××学者认为……”“×× 学者认为……”“××学者认为……”等等，然后就没有下文了。从这种罗列当中看不出作者所依据文献演进的内在逻辑，文献之间的关系不明确，作者也没有能够依据文献综述清晰地推导出研究问题。

需要指出的是，文献综述并不是简单地罗列看过的文献，而是围绕自己所研究的问题，对相关的研究进行有机的归纳和总结，有时甚至需要在总结和归纳的基础上做出评价。在阅读文献时，作者需要对文献进行归类整理。在海量论文中寻找自己需要的，按照次级主题分别归类，各篇论文应该归到哪一类。基于归类的结果，形成自己的论文架构。

基于所归纳的文献，把分散在各篇文献中的论点论据进行综合、提炼，按照一定的思路有条理地进行阐述。

在实际写作时往往会把所有与综述主题有关的文献中的观点都写入手稿中，

① 对本案例中所引用的文献的作者名做了脱敏处理。

就怕遗漏了什么而让自己的努力白费。文章中夹带大量的基础知识性的内容，甚至把教科书上的图表也搬了过来。这样做会导致综述文章臃肿不堪，使综述主题淹没在大量的材料中而无法突出重点。

文献综述需要对已有研究成果进行分类、归纳和提炼，而不是简单罗列他人观点。文献平行列举难以体现已有成果之间的前后继承或横向关联，也不容易区分主要问题和次要问题，从而难以整体把握学科前沿领域的发展趋势。

关于文献综述的正确打开方式，可查阅本章第四节的文献结构关系和三明治引用法。

常见问题 9　国外文献综述写成了外国教育介绍

问题状况

以下这段材料摘自教育专业学生毕业论文对国外文献综述部分：

国外相关文献综述

(1) 美国

课外阅读在美国的基础教育方面占有重要比重，对于本国的母语——英语，美国的威斯康星州出台了《英语课程标准（9～12 年级）》。从写作、阅读、口语交际、多媒体应用、适当的语言的应用等 6 个方面对英语课程的学习提出具体要求，从课程设置的先后顺序当中我们可以看到阅读在美国课程设置当中的重要地位。这项课程标准要求学生应积累丰富的知识，能够分析清楚文章，能用口头和书面两种方式解释评价课外阅读书目。这些课外阅读书目不仅包括文学，还包括其他如新闻、政府报告和报纸等非文学文本。大量的阅读可以拓宽学生的阅读视野，对推动学习与促进学生整个生命周期的良好发展都具有重要意义。

(2) 苏联及俄罗斯

…………

(3) 日本

…………

这篇毕业论文关注的是小学高年级学生课外阅读中的学习投入。国外相关文献综述部分呈现了美国、苏联及俄罗斯、日本等国家的课外阅读状况。问题是国外文献综述写成了外国教育介绍。

解析

毕业论文写作的文献综述部分，通常有两种写法：国内外分开写、国内外合并写。国内外分开写是将文献按照来源的语言分为中文文献和外文文献，分别对其进行综述。中文文献指的是用中文写作的文献，外文文献是指用外文写作的文献。而国内外合并写并不按照语言划分，而是按照主题将文献进行划分，将相同主题的文献归为一类并加以梳理。相较而言，国内外分开写的方法在国内的毕业论文写作中更为常见。然而，随着国际化的推进，国内文献和国外文献的边界不再泾渭分明，而是逐渐变得模糊。许多华人进入国际学术圈用外文写作发表，许多国外学者的作品也被翻译为中文，或干脆直接用中文发表。因而，以主题划分的写作方法逐步取代了以国内和国外为标准区分文献的方法。

总体而言，具体使用哪种方法要根据研究主题决定。如果文献主题在国内和国际泾渭分明，则以国内和国外文献综述分开更好。如果中文文献和外文文献都指向相似的主题，那么合并起来，按照主题划分会更为适宜。毕竟，知识本身是不分国界的。

本案例是按照国内文献综述和国外文献综述分别阐述的。国外文献综述部分出现了一个常见的问题，把国外文献综述写成了外国教育介绍。二者的区别在于国外文献综述是对外文出版的相关研究进行梳理，明晰研究进展；而外国教育介绍是告诉读者在国外教育系统中发生了什么。外国教育介绍可以帮助读者获得基本的信息，然而对于研究的关注点、思路方法、研究发现之类的内容则没有什么帮助。一些学生未能很好地区分二者，没有查阅国外研究成果（特别是英文学术期刊论文），只是翻阅了外国教育介绍之后将其内容转化而来，导致其在国外文献综述部分出现此类问题。

常见问题 10　文献评述质量不高

问题状况

以下这段材料来自教育专业学生毕业论文对国内研究的评析：

我国有关于教师工作满意度的研究起步比较晚，而且大多集中在对于中小学教师工作满意度的研究上。

解析

文献综述是否需要按照国内和国外分别叙述研究现状，不同的研究者有不同的看法。通常情况下，区分国内国外和不区分都是可以的。

不过，在国内研究评述部分，常常会出现贬低国内研究者的负面评价，如“起步晚”“起点低”等。如果是放在改革开放之初，当时百废待兴，这种评述或许是可以的。然而，经过了长期发展，国内学术研究已经有了很大进步。此时，还去追究“起步晚”“起点低”，就显得不合时宜了。

常见问题 11　填补了一个价值不大的空白

问题状况

以下内容摘自一位教育专业学生毕业论文的文献述评部分：

综上所述，先行组织者理论由来已久，也越来越得到专家学者的青睐。近年来，相关期刊论文数量持续攀升，研究不断深入。但国内将先行组织者理论放在小学语文单元教学设计中的研究很少，笔者分析如下：

1. 研究很少落实到具体学科

现有研究多集中于理论研究，应用研究不够深入。许多学者的研究成果不能被应用于一线教学中，存在应用不良的情况，最终成为一种形而上的理论产物。

2. 单元教学与先行组织者理论结合难度大

单元教学难度较大，必须是教学能力突出的专家型教师才能宏观规划、统整设计。而先行组织者理论性强，且目前为止仍然缺少十分明确的概念框架。这二者必然是“教”与“研”的结合，能达到“教”与“研”能力兼备的人实不多见，也就造成了这一研究领域的较大留白。

解析

一些研究者只想填补文献中的空白，然而并没有解决“so what”的问题，未能阐明填补空白的意义。有些论文使用了不太好的阐述方式。比如，“这是以前从未做过的”和“这填补了一个空白”。

另外，并非所有的空白都是需要填补的。比如说，“据我们所知，我们的研究是第一个实证检验鞋子尺寸和工作满意度之间关系的研究”。然而，这样的先行者的意义并不大。

有研究者认为，应该完全避免使用“空白”这个词，因为它过于自我限制。格兰特和波洛克不太赞同以弥补空白作为文献综述的落脚点，认为研究应该针对的是解决问题、难题、谜题和悖论，而不是填补空白本身①。

在本案例中，基于文献的梳理得出两点研究不足：其一，研究很少落实到具体学科；其二，单元教学与先行组织者理论结合难度大。然而，这两点内容均指向相关研究在实践中应用受阻。研究和应用属于两个不同的领域，研究的目的是更好地理解诠释实践，提升人们对现实世界的认识。然而，研究成果的实践应用并不是必然会发生的，而是存在很大的隔阂。这种隔阂既受到研究范式的影响，也受到现实约束性条件的影响。重要的是进一步分析当前研究考虑到了哪些约束性条件，而未能将那些重要的可能对研究结果产生影响的约束性条件放进来，进一步引出本研究打算将重要的约束性条件纳入研究范围。否则，对于研究和应用之间隔阂的总体批评并不能构成好的研究空白。

常见问题 12　概念界定的学术性不足

问题状况

有一篇毕业论文关注的是海归教师如何融入国内高校组织之中，在做概念界定时将“海归教师”选定为核心概念，并将其界定为高校教师队伍中从海外归来并获得海外博士学位的人员。

另有一篇毕业论文对多个国家高中化学教材进行比较研究，将“教材”“元素及其化合物”选定为核心概念，将教材界定为在课堂中作为指导和依据的教科书，将元素及其化合物界定为元素及由元素所组成的单质和无机化合物。

解析

概念界定这个部分是对论文中所涉及的学术概念进行专门的界定，明确学术概念的边界。研究者需要对论文的核心概念做出选择，并对核心概念进行学术性的界定和解释。一个概念是否适合列为核心概念并进行专门的界定，可以参照三个原则：其一，这个概念是专门的学术性概念，不是常规的日常概念；其二，这

① GRANT A M，POLLOCK T G. Publishing in AMJ-part 3：setting the hook [J]. Academy of management journal，2011，54 (5)：873 - 879.

个概念对于现象的分析解释起到关键作用；其三，研究者对于这个概念有不同的定义，如果不进行专门的界定可能会产生误解。

在此案例中，“海归教师”“教材”“元素及其化合物”这些词可以被视为研究对象，显示了作者关注的对象，可以视为研究的关键词（keywords）。然而，这些词并不是支撑研究的关键学术概念。对这些词的界定更多的是限定范围性的表达，这种界定方式虽具有操作意义，但缺乏学术性。

关键要点复盘

● 概念能够增进人们对于日常行为、习惯、疑惑和议题的理解，帮助其对问题解决形成新的理解。

● 概念根据抽象程度不同可以分为低阶概念和高阶概念，低阶概念能够呈现出高阶概念的细节，而高阶概念则是若干低阶概念的整体轮廓。

● 文献不仅会出现在文献综述部分，还会出现在绪论、研究方法、研究发现、讨论和结论等部分。文献出现在不同的位置，所起的作用也会有所不同。

● 文献综述的对象涉及学术著作、教材、期刊论文和硕博士论文等类别的文献，其中又以期刊论文为文献综述的重要对象。

● 文献检索主要关注重要文献和前沿文献。重要文献是指具有开创性或者重大突破意义的图书或论文，具有较高的被引量，涉及主要的理论和学术概念；前沿文献是指近5年发表的论文，能够展现该问题的最新进展。

● 数据提取是一种系统化的程序，致力于以特定的关注焦点作为依据，从每一篇文献中提取符合焦点的内容。需要将所提取的内容进行归类整理，呈现出它们之间的逻辑关系。

● 文献引用主要包括一般引用和直接引述两种方式。一般引用是指用自己的话转述别人的观点和见解，直接引述则是把别人的话原原本本地引用到论文中。

思考与练习题

1. 挑选一篇实证研究论文，明确其中的主要概念，按照抽象程度对其分类。

2. 挑选一篇实证研究论文，查找文献在该论文中出现的位置，体会文献在不同位置中所起的作用。

3. 练习使用多种文献检索平台检索中英文期刊论文，筛选重要文献和前沿文献，剔除一般文献。

4. 练习使用参考文献列表追踪重要文献。

5. 基于自己感兴趣的研究主题，挑选 10 篇重要文献，尝试对其整合。

第三章

研究设计

本章学习目标

- 了解研究设计的框架结构；
- 掌握建立概念框架/理论框架的方法；
- 能够明确抽样方法；
- 了解常用的数据分析方法；
- 了解通过三级编码开展质性数据分析的思路。

第一节 研究设计的架构

层出不穷的研究方法为研究者提供了多样的选择，然而研究方法之间的重叠也带来了许多困惑。许多学生面对质性研究、量化研究、个案研究等诸多概念时，常手足无措。研究者对于形式多样的研究方法的认识并未达成一致，我们试图将研究设计的框架梳理为研究取向（approach）、研究策略（strategy）、具体的研究方法（method）这三个层次。

一、研究取向

研究取向是指基于建构知识观的哲学假设建立研究的计划和策略，涵盖从宏观的知识观假设到细致的数据收集、分析和解释方法等一系列步骤的研究框架。研究取向主要包括质性研究、量化研究和混合研究三种类型。其中，量化研究主要依赖数值型数据的收集，致力于用数据来检验假设和理论。质性研究则主要依赖非数值型数据（比如文本、图画、视频）的收集，致力于从文本数据中发现意义、获得理解以及发展经验知识①。混合研究则是研究者根据研究问题以及情境性问题，兼用量化研究和质性研究方法。

量化研究和质性研究不仅存在数据类型差异，而且在研究目的上存在巨大的差异。量化研究和质性研究在研究目的上的差异，源于其在社会科学研究体系中的不同定位。社会科学研究并不是完全有序的进程，而是处于动态发展的过程之中。总体而言，社会科学研究大致包括四个环节：生成假设，实证观察，基于数据进行模式推断，生成理论或者验证理论。这四个环节按照循环往复的方式持续推进，进而推动科学的持续进步。约翰逊和克里斯滕森将这一过程称为研究飞轮，如图 3-1 所示②。

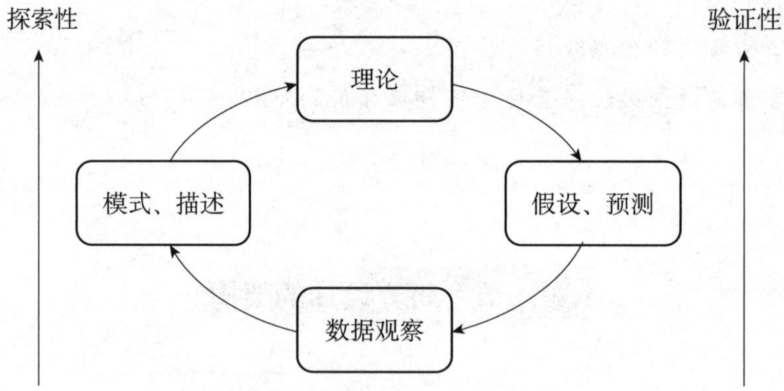

图 3-1　学术研究的飞轮

① 科宾，施特劳斯．质性研究的基础：形成扎根理论的程序与方法：第 3 版［M］．朱光明，译．重庆：重庆大学出版社，2015.

② 约翰逊，克里斯滕森．教育研究：定量、定性和混合方法：第 4 版［M］．马健生，等译．重庆：重庆大学出版社，2015：19.

在研究飞轮中，从不同的起点出发，可以大致分为探索性方法（the exploratory method）和验证性方法（the confirmatory method）。探索性方法遵循“发现的逻辑”，研究从实证观察出发，根据观察的结果寻找特定事物的运行模式，进而对运行模式进一步推断生成理论。验证性方法遵循“证明的逻辑”，研究从现有理论出发，提出假设，然后收集数据用实证方法检验假设，从而进一步证实理论，巩固现有知识体系。

质性研究属于探索性方法，遵循发现的逻辑，注重理论的发现、生成和建构。在研究过程中，意义和过程对于理解人的行为非常重要。量化研究则属于验证性方法，遵循证明的逻辑，聚焦于理论的检验或证明。质性研究和量化研究的整合，形成完整的闭环，共同推动研究飞轮滚滚向前。

二、研究策略

研究策略是指收集和分析数据的具体方法，为研究设计的步骤提供具体方向。对于教育专业论文写作而言，量化研究取向下可供选择的研究策略主要包括调查研究和内容分析两种类别，质性研究取向涉及叙事研究、个案研究、现象学、民族志、扎根理论等诸多研究策略。下面介绍两种常见的研究策略：

（一）调查研究

调查研究是指通过问卷、量表等工具开展的研究，试图从样本推断总体情况。利用问卷和量表可以进行较大规模的调查，直接考察现实环境当中的问题。通过调查，我们可以比较容易地从人群中获得有用的信息，并考察多个变量的基本情况或彼此之间的关系。

需要说明的是，调查研究也有一些局限需要注意。

首先，调查研究不能像实验法一样在实验室的环境下对变量直接操控，因此很难确定自变量和因变量之间的因果关系。比如说，一项问卷调查发现自变量 A 和因变量 B 之间有关系，由此得出自变量 A 对因变量 B 有影响这样的结论依然不够牢靠。其原因在于，这两个变量之间的关系受到众多外部变量的影响。

其次，问卷调查更多的时候被用于收集某一特定时间内的数据进行截面研究。通过问卷调查进行历时性研究或追踪调查研究，通常难度会比较高。

最后，样本的代表性问题。采用在线问卷调查时，通过互联网（比如朋友圈）将问卷扩散出去之后，填写问卷的人很有可能并不是你要找的调查对象。可能造成样本无法代表总体。比如，研究者对国内 15 个县的 1 万多名乡村教师进行网络问卷调查，样本中男性教师和女性教师的比例持平。这个样本的代表性其实是存疑的，这项研究中的研究对象是乡村教师，乡村教师的性别比例失衡比较严重。而这项研究的样本中出现了性别比例持平的现象，让人怀疑抽样存在问题。特别是这项研究关注性别差异的影响，研究的结果可能存在较大的问题。

对于这些可能的问题，如果无法避免，则需要在讨论研究的局限时加以明确，告诉读者自己的研究结果可能存在一定的问题，有待进一步验证。把“可能存在问题”明确摆出来，并不意味着研究是没有价值的。我们的科学研究其实就是一个不断推翻重建的过程，在这样不断验证、否定、改进前人研究的情况下一步一步往前走。

（二）个案研究

个案研究是指对某一特定个体、单位、现象或主题的研究。这类研究广泛收集有关资料，详细了解、整理和分析研究对象产生与发展的过程、内在与外在因素及其相互关系，从而形成对有关问题深入的认识和理解。

个案研究的单位可以是个体（比如具有某种特征的教师、学生等）、群体（比如班级里的小组、小团体）、组织（比如学校、学生组织、教师教研组等）、事件或者某一类问题（比如课堂的提问、理答等），由此划定研究的边界。

对于教育专业论文写作而言，采用个案研究方法作为研究策略很常见。教育专业学生通常需要到学校开展实习，可以从实习单位中选取适宜的研究对象，有较为充足的时间对其进行解读。

三、具体的研究方法

具体的研究方法主要指对实证数据进行操作的方法。按常识性理解，我们会单纯地认为数据就是数字，其实数字类数据只不过是数据中的一种，即数值型数据。除此之外，数据还包括非数值型数据，如文本、图片、视音频等。

具体的研究方法涉及样本选取、数据收集和数据分析三个阶段。本节主要讲解样本选取和数据收集这两个阶段，数据分析阶段会在下一节专门进行讲述。

（一）样本选取

无论是量化研究还是质性研究，所做的工作都是通过归纳法进行推断。具体而言，从特定的目标个体身上收集数据，从这些数据中归纳获得规律，进而推断总体也具有这种规律。不同之处在于，量化研究所做的归纳是从样本群体所具有的特征和规律推断总体也具有相同的特征和规律，即从样本推断总体；而质性研究中个案身上所出现的现象可以用特定的规律来解释，从而可以推断个案所在的类别也可以用同样的规律来解释，即从个案推断个案所属类别。表面看起来，量化研究的归纳能力更强，其结论具有普适性。事实上，质性研究是以牺牲统计学意义上的普适性，来换取理论上的普适性。质性研究并不关心总体中有多大比例的群体遵循所总结的规律，而是关心所总结的规律能够帮助我们深度理解总体中的部分个体身上所出现的特别的现象。

基于归纳的思路，实证研究均会采用抽样的方式来收集数据。不同之处在于，量化研究主要采用概率抽样的方法来选取样本，而质性研究则主要采用目的性取样（purposive sampling）或者理论性取样（theoretical sampling）的方法。

量化研究基于概率抽样的方法选取样本，能够将从样本中获得的研究发现扩展到总体。西尔弗曼和马尔瓦斯蒂指出，概率抽样有两个重要的功能。第一，通过概率抽样的方式，能够提高对样本的代表性的信心。当我们知道总体的特征时，便可以此来检验样本的特征，以核准样本的代表性。第二，概率抽样能够使研究者将研究结论推广到更大的群体中①。

有些研究者从统计概括的思路出发，质疑质性研究的有效性和概括性。在他们看来，质性研究仅仅从少数特殊的个案中获得资料，难以与大规模抽样调查相媲美。对此，学界指出，质性研究遵循自己独特的逻辑思路。在质性研究者看来，样本的研究潜质比代表性更重要。样本的选择更多地强调研究者的理论指向，研究者通过少量的典型样本达到提出、修正或检验理论的目的。在取样时，质性研究通常采取目的性取样或者理论性取样的方法，选择能够让研究者取得最大收获的样本。目的性取样和理论性取样非常接近，通常被视为同义词，然而二者在参与者的选取方面还是有一些微妙的差别：在目的性抽样中，研究人员在开展实地研究之前确定抽样标准并按照抽样标准选择参与者；在理论性抽样中，抽样伴随着数据收集的进行而发生。

具体而言，无论是目的性抽样还是理论性抽样，研究者确定研究主题和研究

① SILVERMAN D, MARVASTI A. Doing qualitative research: a comprehensive guide [M]. California: Sage Publications Inc., 2008.

问题后，均会根据一系列抽样标准确定对一部分人进行采访。其后，理论性抽样和目的性抽样开始出现路向差异。目的性抽样将会继续沿用之前的抽样标准继续收集资料，而理论性抽样则在初步分析资料的基础上，考虑对抽样标准做一定的调整。后续的访谈对象既可能是能够进一步肯定初步研究发现的样本，也有可能转变为否定初步研究发现的样本。理论性抽样就是沿着“抽样⇌数据收集⇌数据分析”这样的双向路径来回往复，直到研究达到数据饱和，或者研究者无法在随后的访谈中收集到新信息为止。

在数据分析环节，质性研究并不看重样本对总体的推断能力，而是采取分析性概括的思路，致力于发现总体中独特的类别。质性研究并不是按照概率抽样的原则选取样本，因而无法进行统计概括。

部分研究者将分析性概括称为理论概括①。在质性研究中，基于理论的推理扮演了重要的角色。先前的理论作为一种模板（template），用来作为与个案进行比较的工具，同时也构成了发展新理论的前提。

鉴于质性研究更强调样本与其他事件的相关性，部分研究者称之为“外推”②。质性研究根据逻辑关联或理论意义进行外推。外推的有效性不取决于样本的代表性，而取决于理论推理的力量。

虽然质性研究更关注微观复杂的行动和现象，然而研究者并不止步于此。一些研究者致力于将他们的研究从日常世界的范围中扩展出去，与更为广泛的历史模式和宏观社会结构建立关联。通过对宏观和微观两方面因素的交互考察，从而达到对问题的深入理解。在开展研究的时候，立足从个别个案转移到宏观的社会结构和秩序。它将社会处境当作经验考察的对象，从国家、经济、社会秩序等已有的一般性概念和法则开始，理解微观的教育处境如何被宏大的社会结构所形塑，从而说明宏观的社会力量如何形塑和产生特定环境中的结果。

（二）数据收集方法

本部分侧重于介绍数据收集方法，数据分析方法将在后续专门进行介绍。根据数据的类型，可以把数据收集分为数值化数据收集和非数值化数据收集。数值化数据收集常用的方法有问卷法，非数值化数据收集常用的方法有访谈法、观察

---

① SEALE C. The quality of qualitative research [M]. London：Sage Publications，1999.

② SILVERMAN D. Doing qualitative research：a practical handbook [M]. London：Sage Publications，2000.

法和文本法。下面介绍几种常用的数据收集方法。

1. 问卷法

问卷的发放和回收比较方便，受外部条件限制较小。问卷既可以当面发放纸质问卷，也可以通过网络发放。其中，通过问卷星平台发放问卷尤其受到青睐。问卷星是一个专业的在线问卷调查、测评、投票平台。同时，问卷星为用户提供个性化定制的在线设计问卷、采集数据、自定义报表、分析调查结果系列服务。与传统调查方式和其他调查网站或调查系统相比，问卷星具有快捷、易用、低成本的明显优势，被大量企业和个人广泛使用。

许多学生通过问卷星设计好问卷之后，通过朋友圈、微信群发布扩散。通过后台操作，实时监控问卷进度，控制问卷发放时间或再次调查开始时间。问卷星还具备一定的数据分析功能，能够开展分类统计、交叉分析、答案来源分析、文字主观题自动归类分析、信度分析等操作。另外，问卷星的兼容性较强，获得的结果亦可直接导出为 Excel 或 SPSS 类型的调查结果数据，以便进一步开展分析。

需要注意的是，在线问卷样本的代表性可能不足。通过网络发布问卷之后，部分填写问卷的人可能并不是自己要找的调查对象。或者填写问卷的人分布过于分散，收集到的问卷无法代表总体。比如，有的学生在朋友圈扩散问卷，声称只要是小学教师都可以填写，最后获得 500 余份问卷。这样的样本量对于教育专业学生毕业论文写作而言看起来已经可以接受了，然而细想则会发现，这份问卷把全国的小学教师当成总体，而全国小学教师的规模超过 500 万人。简单计算一下，样本占总体的比例不足万分之一。同时，全国各地教师异质性很大，通过朋友圈扩散出去的问卷，无法保证所获得的样本通过概率抽样而来，进而可能导致样本情况偏离总体情况。

因此，采用问卷法时，建议将调查总体限定在一个较为适当的“小”范围。与超大规模的总体相比，可预见的小的调查总体可能更有价值。比如，同样是研究教师，与不设限的全国教师作为总体相比，以某个学校教育集团作为调查总体能够获得更加精准细致的调查数据。

2. 访谈法

访谈法指通过研究者和受访人面对面地交谈来了解受访人的心理和行为的方法。

根据访谈的人数，访谈法可以分为深度访谈和焦点小组访谈，其中又以深度访谈最为常见。深度访谈是一对一的访谈，能够获得更加丰富、深入的资料。即便是对于一些敏感问题，由于采用一对一的方式，受访者也更愿意敞开心扉，提供对这些问题的见解。如果研究者希望了解受访者的思考和行动轨迹，特别是较为细微的心理变化，那么深度访谈可能是一个好的选择。与深度访谈不同，焦点小组访谈则是一种群体讨论形式，规模以 6～12 人最为常见。这种访谈方法适用于研究者希望在短时间内快速获得某个现象或议题的初始信息的状况。与深度访谈相比，焦点小组访谈所用时间相对较短，成本相对较低。在开展焦点小组访谈时，研究者主要担任主持人的角色，在讨论开始时向参与者明确讨论议题，主要精力用于维持群体的持续沟通。当讨论过程中出现沉默或者僵持时，研究者需要做一定的引导，比如抛出一个新的问题，促使讨论继续开展。

根据访谈进程的标准化程度，访谈法可以分为结构化访谈、半结构化访谈和非结构化访谈三种类型。简单而言，结构化访谈采用了标准化的访谈问题，逐一让受访者口头回答；非结构化访谈则是事先没有制订访谈问题，而是在访谈过程中随机应变；半结构化访谈则介于二者之间，事先制订访谈提纲，列举访谈涉及的主要内容，在访谈过程中根据对话情况适时调整。访谈提纲中所列举的问题通常并不是事实上要提问的问题，而只是作为交流过程中的引导，并在沟通过程中适时追问。

在这三种类型中，教育专业学生毕业论文中最为常见的是半结构化访谈，在标准化和随意性之间寻找平衡点。基于个人田野研究的经验，建议在开展半结构化访谈时注意以下几点：

● 访谈内容主要涉及两个“P”，即见解（perspective）和过程（process）。研究者需要关注受访对象在这两个方面的表述情况，并在后续的访谈过程中适时调整。

● 如果访谈涉及若干同一类别的访谈对象，可以将访谈视为一个拼图的过程，把访谈进度大致分为三个阶段：第一个阶段侧重于讲述过程；第二个阶段侧重于受访者的见解；第三个阶段侧重于补充前两个阶段遗漏的部分，形成完整的拼图。

● 适时追问。访谈过程中，研究者需要将访谈对象说的话在心里进行复盘整理，判断哪些问题得到了回答，哪些没有得到回答，哪些需要进一步阐述。优先追问需要进一步阐述的内容，其次是没有回答的内容。

● 访谈过程中，尽量少用专业的学术概念，而是多采用受访者的用语方式。

因为专业的学术概念通常比较抽象，容易导致受访者无话可说，进而冷场。采用受访者的用语，不仅能够拉近研究者和受访者的心理距离，而且可以触发受访者更加具体丰富的讲述。

● 访谈过程中，尽量少问封闭式问题，多问开放式问题。封闭式问题，比如，是/否这样的判断问题，留给受访者表达的空间其实是很小的。受访者相应的回答也会非常简单——"我认为是（或不是）"，然后就戛然而止了。此时研究者就不得不跳到下一个话题。频繁的问题切换会导致访谈难以触及受访者丰富的经历和见解。如果换一种开放式的问法，"您对××事情怎么看呢"，受访者会感觉到有很大的表达空间，可以把自己心里想的东西讲出来。

● 访谈过程中，除了主动提问之外，还需要做出一定的回应。当认可受访对象时，可以回应"嗯""是的""对的"表示同意，或者点头、微笑。有些时候，可以总结或者以另一种方式表述受访对象说的话作为回应。如果受访者的经历让你产生共鸣，也可以简单讲述一下自己的故事，比如说"我以前也遇到过类似的事情……"。

曾经有学生问：什么样的访谈提纲才算是好的访谈提纲呢？对此，笔者的答复是没有特别明确的标准。访谈提纲只是一种工具，能够帮助自己获得丰富质性资料的访谈提纲就是好工具。在访谈提纲问题设计上，可以遵循这一原则：尽量多地提开放式问题，让受访者有更多的空间表达自己真实的体验和见解。

在操作层面，以下的提问方式供参考：

● 您对这件事情怎么看呢？

● 您可以详细描述那个观点吗？

● 我用自己的语言表述您刚刚说的话，看我是否弄清楚了您的意思。

● 您是如何考虑这个问题中的难点的？

● 您为什么会这么做呢？

● 您这么做有什么特别的理由吗？

● 可以举个具体的例子吗？

3. 观察法

观察法是指研究者根据一定的研究目的、研究提纲或观察表，用自己的感官和辅助工具去直接观察被研究对象，从而获得资料的一种方法。观察法常常与深度访谈搭配使用，对研究对象的日常工作和生活获得直接的了解和掌握，从而掌握一手资料。相较访谈而言，观察法对于研究对象的要求比较低，只需要研究对象按照日常情况表达就可以了。

对于教育专业学生而言，观察法有个更为便利的条件就是开展毕业论文的研究通常会安排在实习期间。实习学校会安排听课，评课，参加教研活动、学生活动等。教育专业学生便可以利用这些机会进行观察，从而在自然状态下掌握一手资料。

4. 文本法

文本法是指研究者通过收集政策文件、亲历者的参与记录、公共档案等文本资料间接了解过去发生的事件。文本法收集到的资料以文字形式为主，包括少量的图片和视频。如果文本资料本身比较充足，或难以找到事件的目击者，那么研究者可以将文本法作为相对独立的数据收集方法使用。比如，在教育史研究中，文本法常作为主要的研究方法。如果文本资料本身比较零散，或研究者可以通过受访者的讲述了解事件的进展，那么研究者可以将文本法作为一种辅助性方法使用。当文本和口述内容出现不一致时，可以通过文本验证访谈内容的可靠性。同时，研究者可以将文本中记录的内容与受访者的讲解相互对照，将零碎的事件经历拼成完整的图像，从而获得更加完整的认识。

第二节　量化和质性数据分析方法

数据分析指将数据进行压缩、归类和整理，从中发现数据的规律，并对其进行解释以获得见解。数据分析有助于发现数据之间的关联，获得有意义的信息，并对未来的发展提供启示和建议。

一、量化数据分析方法

量化数据分析指通过统计方法对数值数据进行分析。量化数据分析通常围绕测量不同人群的差异、评价变量之间的关联、检验研究假设这三个目的进行①。

① JANSEN D，WARREN K. Quantitative data analysis 101：the lingo，methods and techniques，explained simply [EB/OL]. https：//gradcoach. com/quantitative-data-analysis-methods/.

目前，已经有非常多的软件辅助研究者进行量化数据分析。其中，最为常见的是 SPSS（statistical product and service solutions）。SPSS 集数据录入、整理、分析功能于一身。软件将数据统计的操作做了很好的集成，研究者不需要了解底层的计算原理，可以根据自己的需要选择相应的集成模块对数据进行操作。SPSS 统计分析过程包括描述性统计、均值比较、一般线性模型、相关分析、回归分析、对数线性模型、聚类分析、数据简化、生存分析、时间序列分析、多重响应等几大类，每类中又分几个统计过程。

统计方法大致包括描述性统计和推断性统计两种类别。描述性统计研究的是数据的收集、处理、汇总、图表描述、概括与分析等统计方法。推断性统计是研究如何利用样本数据来推断总体特征的方法。对于教育专业学生毕业论文而言，通常期望能够熟练利用描述性统计，并且适当利用推断性统计对数据进行分析。

然而，统计方法的选择依赖于研究的目的和统计方法的适用条件，大致情况如图 3-2 所示①。

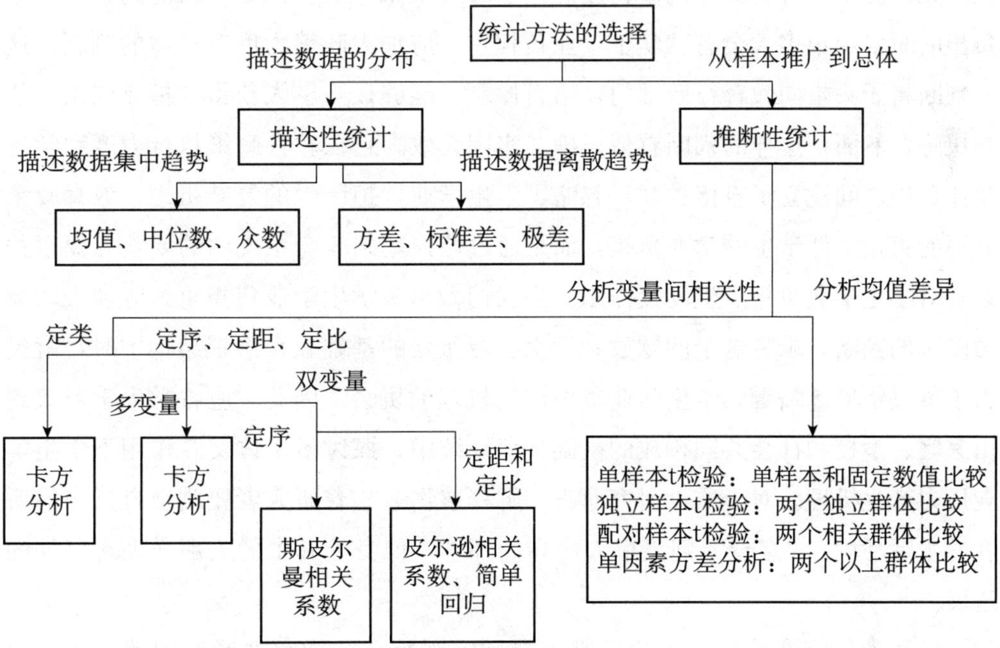

图 3-2　统计方法的选择

① 李武，毛远逸，肖东发．学位论文写作与学术规范［M］．2 版．北京：北京大学出版社，2020.

对于具体的量化数据分析，已有大量的著作做了详细介绍，在此不做赘述。

另外，值得一提的是，数据收集时常用的问卷星平台集成了实用的数据分析功能。研究者可以使用问卷星开展分类统计、交叉分析、答案来源分析、文字主观题自动归类分析、信度分析等操作。

二、质性数据分析方法

质性数据分析是将意义赋予文本资料，揭示事物是什么以及如何发挥作用。我们观察到的事物通常是包含各种属性的整体形态，而分析的过程则是将整体解剖成各种成分，从中发现事物的属性和维度。然后，基于属性和维度的理解，对作为整体的事物加以推测①。

质性数据分析的关键在于对情境脉络和过程的分析，即个体或集体是在情境脉络（context）所塑造的结构条件框架内存在和行动。

情境脉络在质性数据分析中扮演着重要的角色。人们在做出推理判断时，往往会先入为主，将所关注的事物放到当前环境下来考虑。比如，当提到学生学业负担的时候，很多人会有“学生学业负担重，应加大政策力度”这样的判断。这一判断将矛头指向教育行政部门，语言犀利，能够让当事人获得“指点江山”的畅快感。然而，这样的判断看似正确，实则无效。它在教育政策执行力度和学生学业负担之间建立了直接关联，忽略了学生学业负担产生的复杂机理。教育政策并不能直接降低学生的学业负担，而是通过调控基础教育系统内的要素和要素关系，对学生学业负担产生间接作用。当我们做出“学生学业负担重，应加大政策力度”的判断，未将这个问题放到学生学习所处的基础教育系统结构中时，就失去了透过情境脉络看到学生学业负担产生机理的机会。因此，应将学生学习放到由家庭、学校和社会共同构成的基础教育系统中，探讨多主体交互作用下学生学业压力产生机理。对于质性研究而言，解释事物意味着研究者要跳出自己当前所在的生活环境，“穿越”到当事人所在的环境，像身处其中的人那样理解事件的进展。

在质性研究者看来，人的微观存在和宏观社会结构存在紧密的关联。一方

① 科宾，施特劳斯．质性研究的基础：形成扎根理论的程序与方法：第3版［M］．朱光明，译．重庆：重庆大学出版社，2015.

面，宏观社会结构并非抽离悬浮，而是都要落实到微观具体的日常实践之中；另一方面，人并非生活在真空中，其思想和行为均受到宏观社会结构的影响。教育中的复杂现象往往是人的微观存在和宏观社会结构之间互动的结果。

人的行为和情感都是在特定的情境脉络中产生的，因而分析时需要将当事人的行为和情感放回到所在的情境脉络中，还原微观个体与宏观脉络的实现关联，从而做到对现象的深层理解①。行动者并非孤立的微观存在，而是处于社会历史时空的意义脉络之中，与周遭有千丝万缕的关联，被宏观结构所形塑。

情境脉络并不直接决定行动者个人的经历或既定的行动，但是它会给行动者的行动提供特定的条件，形成一定的应用场景。行动者在具体情境中做出回应，产生某种形式的行动、互动和情感。同时，个体所产生的行动、互动和情感反过来又可能塑造行动条件和应用场景，对情境脉络产生影响。

因而，在开展质性数据分析时，个体行动过程与情境脉络之间的互动便成为重要的分析对象。一方面，深描特定情境脉络所塑造的行动条件和应用场景，描绘行动者对情境做出的行动和情感反应，理解微观处境如何被宏观结构所形塑。另一方面，转向个案背后的宏观结构，将个案所处的社会情境脉络当作经验考察的对象，理解微观处境如何影响宏观社会结构。

由于情境脉络和行动过程分析非常复杂，常人难以把握，科宾和施特劳斯提出了典范模型（paradigm model）和条件/后果矩阵（conditional/consequential matrix）两个分析工具，为研究者提供了寻找情境脉络并将其与过程建立关联的分析工具②。其中，典范模型将情境和行动过程分解为基本要素，为研究者识别以及建立结构和过程之间的联系提供了线索，而条件/后果矩阵则将典范模型中的不同要素联结起来。

典范模型主要包括条件、过程（互动/行动和情感）、后果三个基本要素。条件针对情境脉络，主要关注情境脉络中的要素，涉及为什么、哪里、如何以及发生了什么等问题，对这些问题进行概念化分类。过程（互动/行动和情感）针对过程，主要涉及个体或群体对情境问题、偶发事件以及重大事件做出的反应。后

① 罗云，张雯闻．质化研究：超越小样本迈向更大研究意义之可能［J］．全球教育展望，2018，47（6）：21－30.

② 科宾，施特劳斯．质性研究的基础：形成扎根理论的程序与方法：第3版［M］．朱光明，译．重庆：重庆大学出版社，2015.

果是在特定条件下通过具体的过程产生的结果，主要涉及互动/行动的结果和当事人情感反应的结果。

条件/后果矩阵将典范模型内的基本要素关联起来。条件和后果并非存在真空中，而是通过互动/行动和情感联系在一起。在质性研究中，事件之间通常并非线性的路径，而是具有复杂的关联，以事件链条的形态存在：一个事件引发另一个事件，成为触动后者的条件；其后，被激发的事件又触动第三个事件。通过绘制一系列事件组成的链条，我们就可以重现重大事件的发展历程。

三、质性数据分析的逻辑和操作流程

与量化数据分析清晰的数理逻辑不同，质性数据分析常因缺少结构化分析逻辑而受到诟病。质性数据分析主要针对的是文本、图片等非数值型数据，试图从非数值型数据中提取出深层的规律。虽然质性研究者并不认同统一的分析逻辑和操作流程，但是按照一定的思维逻辑和操作流程，有助于质性研究的初学者保持思路清晰，避免在海量的文本数据中迷失。

（一）质性数据分析的逻辑

谈到质性研究如何分析数据，许多学生会很困惑。面对篇幅巨大的文字内容手足无措。虽然质性数据分析也有一些软件可供使用，但它在本质上依靠的还是对文本资料的解读。解读文本资料常采用的方法有分析归纳法和连续比较法①。

1. 分析归纳法

分析归纳法是一种与量化统计分析相对的、针对非数值数据的因果分析方法。分析归纳法以包含同一类现象的个案作为分析对象，探寻个案中某种行为产生的原因。分析归纳法致力于发现因果联系，可用于生成和发展理论。

卡茨将分析归纳法的过程梳理为5个步骤②：

- 检视初始案例，界定有待解释的对象（explanandum）和解释性因素（explanatory factor），搭建可能的解释链条；
- 基于初始解释链条检视更多的案例；

---

① 林小英．分析归纳法和连续比较法：质性研究的路径探析［J］．北京大学教育评论，2015，13（1）：16－39．

② KATZ J. Analytic induction ［J］. International encyclopedia of the social and behavioral sciences, 2001，1：480－484.

● 当遇到不符合预先设定和解释的新个案时，修订已有的设定和解释；

● 主动寻找不适用先前设定和解释的个案，或修正解释关系，或将此类个案划定于研究边界外；

● 持续修正界定和解释链条，直至在所有个案中建立普遍性的因果关系。

谢立中进一步指出，因果关系的实质是用更低层次结构成分之间的相互作用解释由这些成分构成的高层次整体的变化①。在教育研究中，用个体行动以及个体之间的相互作用去解释宏观的教育现象。通过这种解释我们才能够发现教育现象形成和变化的具体原因。

比如，当涂尔干通过统计分析发现自杀率和社会整合程度之间存在着密切相关性之后，为了判断这两者之间是否存在因果关系，需要将观察和分析的层次从自杀率和社会整合程度这两种宏观现象层面下降到更为微观的现象层面，用构成这两个宏观现象的结构成分之间的相互作用对这两个宏观现象之间的关系状况进行解释。为此，可以将社会整合程度分解为个体自杀者的行动和互动，观察个体行动者的行动和互动过程，以获得因果机制解释所必需的经验材料。当微观层面个体行动者的行动和互动过程得到证实时，因果关系的机制随之明确。

2. 连续比较法

连续比较法是将质性数据分析从描述层次推进到抽象层次的重要方法，有助于研究者从具体的数据中发现概念，建立普遍模式进而发展理论。连续比较法是指对不同事件进行连续比较，基于比较的结果（相似点和不同点）对资料进行分类②。研究者不仅可以对研究中的事件与范畴进行同类和交叉比较，还可以从外部（如文献、日常经验）中来选择比较对象。

通过连续比较，我们建立了范畴关系并把事件加以归类：基于相似点归类，可以把相似的事件放到同一范畴之下；基于不同点归类，可以把差异较大的事件放到不同的范畴之下。在连续比较过程中，我们用抽象的描述性概念作为范畴的标签。在范畴内部，我们可以进一步做连续比较，从而明确范畴的属性和维度。

---

① 谢立中．实证性量化研究和诠释性质化研究的联结：来自韦伯的启示［J］．武汉大学学报（哲学社会科学版），2018，71（5）．

② 科宾，施特劳斯．质性研究的基础：形成扎根理论的程序与方法：第3版［M］．朱光明，译．重庆：重庆大学出版社，2015．

属性和维度是我们认识理解事物的基本方式。比如，看到一张桌子，不同的人头脑中会浮现出不同的属性和维度：顾客想到的是桌子值多少钱，快递员想到的是桌子有多重。在这里，价格和重量都属于桌子的属性。虽然顾客和快递员看到的是同一张桌子，然而他们赋予桌子不同的属性，对桌子的理解是不一样的。

收集及分析资料是同时发生的，从收集到的第一份资料起将每一组数据和其他数据连续比较，研究者从连续比较中寻找研究现象的主要特质，描述和诠释研究现象，找出序列（order）和所发现的现象间的关系，直至最后发展出理论。

格拉泽和施特劳斯将连续比较法梳理为以下四个步骤①。

第一，比较可用于每个范畴的事件（incident）。在这一阶段，研究者保持开放的心态，将事件尽可能多地编码到不同的范畴中。此时，研究者需要遵循连续比较法的第一条规则：当把新的事件加入特定范畴中时，需要将其与该范畴下已有的事件进行比较。只有当新事件与现有事件属于同一类别时，才可以归到当前范畴下。

随着连续比较的推进，范畴所具有的理论属性（theoretical property）逐渐显现出来，比如范畴的范围、产生范畴的条件、范畴的主要结果、范畴之间的关系等。这些零散的理论属性构成了最终产生的理论的要素。当理论属性逐渐变得丰富时，它们之间的线索也逐步变得明晰。研究者基于理论要素的组合初步建立起一定的理论观点（theoretical notion），并试图用这些理论观点解释事件。

经过三四轮编码之后，部分研究者发觉思考过程中产生了一定的矛盾：一方面试图将已有的理论观点拓展到更多的事件中，另一方面发觉似乎有其他的方法解读某些事件。此时需要谨慎，矛盾之处可能会产生新的概念或理论观点。此时，研究者应遵循连续比较法的第二条规则：暂停编码，将不同的理论观点录入到备忘录中，比较不同的理论观点并确定最有说服力、解释力的内容。倘若这项研究是由一个研究团队开展的，研究团队成员可以通过团队会议生成尽可能多的理论观点，讨论这些理论观点的解释力，从中得到解释力最强的观点。经过此番理论观点的比较之后，从数据中生成的理论观点得以进一步巩固。

第二，整合范畴和该范畴下的属性（property）。整合工作通常从事件比较出

---

① GLASER B G，STRAUSS A L. The discovery of grounded theory：strategies for qualitative research [M]. New York：Routledge，2017.

发，对不同的事件进行比较，从中提取出关键的属性。随着整合工作的推进，事件的属性特征逐步明确，从而形成包含若干属性的事件。

第三，界定理论和范畴。这一阶段会从理论和范畴两个层面进行界定，删减关联度不大的内容，逐步使其固定下来。理论的界定类似于塑造树木的主干，范畴的界定类似于修剪枝杈。通过连续比较形成初步理论，而后又不断进行理论饱和检验，经过大的修正之后变得更加可靠。此时，理论只需要进行逻辑上的梳理和语言上的润色即可。

第四，生成理论。经过前三个阶段的连续比较，最后进入生成理论阶段。所生成的理论具有普遍性意义，既能够解释研究所关注的教育现象，同时也能够移植到其他的场景中，供其他研究者借鉴使用。生成理论的目的是发展理论。

（二）质性数据分析的操作流程

三级编码是质性数据分析的程序化编码方式，包括开放编码、主轴编码、选择性编码三个循环往复的步骤①。

开放编码是指从文字材料中抽象出一些范畴，寻找范畴的属性，并将其维度化（dimensionalized）。研究者对文字材料逐字逐句检视，用关键词把每个事件标记出来。根据概念划分，将关键词聚拢分类，尽可能多地建立起一些概念范畴（conceptual category）。经过持续的收集、整理、比较和分析，概念范畴逐渐变得丰富起来，不同范畴之间的关系逐渐变得清晰。

主轴编码是指确立主范畴（overarching category）和次级范畴（sub-category），按照典范模型（paradigm model），将次级范畴围绕主范畴组织起来。典范模型是指主范畴的五个方面：因果条件（causal conditions）、环境（context）、干扰条件（intervening conditions）、行动/互动及其策略（action /interaction，including strategies）、后果（consequences）。研究者通过典范模式确立若干比较稳固的主范畴，并试图在主范畴之间搭建逻辑链条。

同时，研究者还可以借助条件/后果矩阵这一工具，对不同的范畴建立关联。这一工具把条件和后果等元素从微观到宏观划分为 八个层次，研究者可以将手中的材料对号入座。它们分别是：逐步发展的行动和互动，群体、个体和家庭层

① 科宾，施特劳斯．质性研究的基础：形成扎根理论的程序与方法：第 3 版［M］．朱光明，译．重庆：重庆大学出版社，2015.

次，次级组织和次级机构层次，组织和机构层次，州、市和社区层次，国家层次，国际和全球层次，外部条件。其中，逐步发展的行动和互动成为分析的核心，另外的七个层次共同塑造了复杂的情境脉络。

选择性编码是指在多个主范畴中确定一个核心范畴并围绕其组织理论。研究者可以按以下五个步骤（不一定按顺序）开展选择性编码：

- 对研究现象进行总体描述，提供一条故事线（storyline）；此描述需要使用分析性的术语，体现出核心范畴所引导的理论线索。
- 继续使用典范模型，找到核心范畴的辅助范畴（subsidiary category），确定它们之间的关系，以此建立如下形式的理论：A（条件）→B（现象）→C（环境）→D（行动/互动策略）→E（后果）。
- 确定核心范畴的属性和维度，在维度层次上对辅助范畴进行分类与定位。
- 结合经验证据，考察通过上述过程得到的理论是否可靠。
- 通过理论抽样填补遗漏的细节，确保足够的范畴密度（category density）。

第三节　理论在研究设计中的角色

一、建立概念框架

教育专业研究设计中，常被忽略的一个模块是建立概念框架（质性研究）或者理论框架（量化研究）。许多初学者在完成文献综述之后，就把理论抛在了一边。在开展研究设计时，考虑的只是具体的收集数据的手段，却未曾考虑支撑自己收集数据、分析数据的架构，导致所得到的数据因缺乏理论架构而呈现碎片化的形态。

概念框架和理论框架解释了研究的路径，为研究提供了坚实的理论构想（theoretical constructs）。它能够引导研究者确立关注焦点，明确研究设计，引导后续的资料收集和分析过程。伊门达高度评价概念框架和理论框架，认为正是它们赋予研究生命力①。

概念框架被视为质性研究的脚手架，为研究者理解现象提供了重要的分析工

① IMENDA S. Is there a conceptual difference between theoretical and conceptual frameworks? [J]. Journal of social sciences，2014，38（2）：185－195.

具，引导研究者开展资料分析，并为生成新的理论提供起点。米什勒指出，质性研究致力于描述和解释一系列的关系，只有借助具体的概念架构才能得以实现①。概念框架本质上是一系列有关联的概念，能够为教育现象提供综合性的理解②。在质性研究中，概念框架并不是因果性的分析工具，更多的是对社会现象的诠释（interpretative approach）。借助概念框架，能够让研究者从看似普通的社会现象中区分概念和整理想法，从而获得不平凡的理解。

理论框架通常出现在量化研究中，为研究问题提供了理论依据。许多研究者把理论框架视为一种结构化清晰的概念模型，展现打算测量的变量以及变量之间的关系。研究者试图证实理论框架展现的变量关系，最后形成一定的理论。

概念框架和理论框架分别用于质性研究和量化研究，二者的主要区别如表3-1所示。

表3-1 概念框架和理论框架的区别

理论框架	概念框架
提供了广泛的或广阔的理念集合，并将即将开展的研究置于这个理念集合中	研究者打算在自己的研究中使用的具体的或者特别的理念
基于当前研究中现有的理论而来，已经经过其他研究的检测，获得充分的证实	基于自己研究中的主要变量而来，根据主要变量建立概念
以模型的形式出现，模型中包含了相关理论的支持者以及这些支持者的研究结果。这个模型围绕自己的研究展开	可由研究者自己建立，用于解释主要变量的关系。也可以基于现有的理论模型建立，由研究者根据实际需要做出调整
已经开发完备，设计良好，获得广泛接受和认可	并未获得接纳，而只是研究者用于回答自己研究问题的提议
为具体领域中开展未知研究提供了一个关注焦点	为研究如何开展提供了一个有逻辑性的框架
包含了理论，这些理论与演绎推断出的研究假设相关	包含了有关联的概念，用于解释这些概念之间的关系，以及研究者如何回答研究问题
检测理论，推测和控制特定的情境	鼓励发展理论，对于实践者有价值

① MISHLER E G. Validation in inquiry-guided research：the role of exemplars in narrative studies [J]. Harvard educational review，1990，60（4）：415-441.

② JABAREEN Y. Building a conceptual framework：philosophy，definitions，and procedure [J]. International journal of qualitative methods，2009，8（4）：49-62.

二、基于理论比较分析数据

在数据分析过程中，研究者经常会遇到一些事件，感觉很特别但是无法直接鉴别其意义，或者打算从另外的角度来解读它。当我们对资料中的事件的意义感到困惑或者迷茫时，或者希望采用不同的方式来看待事件时，专注事实细节反而可能限制研究的分析思维。此时，需要跳出当前细节，通过理论比较寻找可能的意义或获得新的视角。

理论比较的基本原理是利用已知的东西来帮助我们理解未知的或者不太确定的东西。理论比较可以帮助研究者暂时性地脱离具体的事件，从抽象的层面思考事件的属性和维度。理论比较的操作过程主要包括三个步骤：从个人经验或者文献中选取与我们正在研究的现象相类似的片段；从片段中识别事件的属性和维度；利用这些属性和维度重新解读正在进行研究的数据，从而获得对数据的新的理解。

研究者选取的片段既可以来自文献，也可以来自个人经验；既可以来自相似的情况，也可以来自完全不同的领域做“远距离比较”①。这些片段与我们正在分析的数据并不需要有直接的关联，而是提供启示。在做片段解读时，我们并不是将个人经验或文献片段作为数据来使用，也不是在具体的细节上思考，而是从中提取抽象的属性和维度。基于所获得的属性和维度，我们重新解读面前的数据，从而获得对于数据的新的理解。

根据维度的属性对概念进行审查，引向深度描述、概念分析和理论发展。在属性和维度层面进行的比较为研究者提供了一种理解周边世界的方法。

人们总是利用他们知道的去尝试理解他们不知道的。通过这种方式，他们揭示了每个事物的相似点和不同之处，据此进行界定。每个事物都有其自身的功能和特点，从而使得他们成为独特的事物。

三、质性数据分析的理论层次

对于教育研究者而言，质性研究最让人头痛也是最有吸引力的地方是诠释数据。对于同样的一批数据，有的研究者只能看到表面的现象，而有的研究者则能穿透现象看到深层的社会机理。基于数据分析时的理论层次差异，质性研究分析

① 科宾，施特劳斯．质性研究的基础：形成扎根理论的程序与方法：第3版［M］．朱光明，译．重庆：重庆大学出版社，2015.

可分为描述、概念整理（conceptual ordering）、理论整合三个层次。多数初学者的研究停留在现象描述层面，理论提升意识和能力有待提高①。

描述是对质性数据进行深层抽象解释的基础，是发展理论的基础。质性研究强调通过深描来对特定行动和其所处的情境脉络进行细致描写和诠释，获得整全的理解和认识，从特定情境脉络中发现社会文化关系的模式②。

概念整理是指对质性数据进行编码，逐步建立一套完备的范畴（主题、概念），在不同的概念之间建立关系，形成可以解释特定现象的解释性理论框架（explanatory theoretical framework）。概念整理通常是进行理论整合的基础。

理论整合的目的是生成理论，即能够对特定现象进行解释，生成具有内在关联的概念体系。理论整合通常是围绕一个中心解释概念而出现的，当形成中心的概念之后，主要内容是通过关系的解释性说明，与其建立联系。当形成理论框架之后，研究者就要准备提升理论，修正多元的内容，补充不充分的范畴。

与量化研究所用的各种软件和分析方法相比，质性研究数据分析时更强调研究者的理论敏感性（theoretical sensitivity）③。理论敏感性是指研究者从数据生成概念、按照常规理论模型在不同概念之间建立连接、理论发展的能力。科宾和施特劳斯对于理论敏感性有一段精彩的论述④：

> 敏感性与客观性相对。它要求研究人员将自己投入到研究中。敏感性意味着拥有洞察力、投身并能够发现数据中的相关问题、活动和事件。这意味着研究者能够通过沉浸在数据中来呈现参与者的观点并扮演其角色。

质性研究者喜欢说一句话：“研究者本身就是研究工具”。当看到文本、图片、视频等资料时，能够敏感地从这些繁杂的资料中鉴别有价值的内容，发展对于这些内容的深入理解。项飙和吴琦认为这是“不知疲倦的思维进程，以及对沿途遇到的问题有狩猎般的决心和精确”⑤。

---

① 科宾，施特劳斯．质性研究的基础：形成扎根理论的程序与方法：第3版［M］．朱光明，译．重庆：重庆大学出版社，2015.

② LINCOLN Y S，GUBA E G. Naturalistic inquiry［M］. Newbury Park，CA：Sage Publications，1985.

③ GLASER B G，HOLTON J. Remodeling grounded theory［J］. Forum：qualitative social research，2004，5（2）.

④ CORBIN J，STRAUSS A. Basics of qualitative research：techniques and procedures for developing grounded theory［M］. 3rd ed. Los Angeles，CA：Sage Publications，2008：32.

⑤ 项飙，吴琦．把自己作为方法［M］．上海：上海文艺出版社，2020.

从数据凝练生成理论精华可以按照以下三个步骤进行①：

首先，开展详尽的经验材料和数据收集。在这个过程中，要事无巨细地认真观察和记录研究对象，保持中立和客观，尽量避免既有理论的干扰。

其次，编码-理论构建。理论是在对数据进行编码的过程中逐渐展现的。编码即对数据展现出来的一般特征进行识别、标记、分类。用来编码的标签或代码，是对数据含义的总结，是构建理论的材料。在这些代码之间，归纳、发现、总结出具有普遍性、规律性、因果性的关系，从而形成理论。

最后，不断重复第一步和第二步，直到形成既全面又深入的凝练研究发现的理论。

在理论整合的过程中，研究者需要从内部一致性和逻辑关系上重新审视结构框架：确定哪个是中心范畴，检查其他范畴和中心范畴的关联；补充发展不充分的范畴概念，删除整理多余的范畴，进而验证理论框架。

总体而言，描述、概念整理、理论整合是逐步将现象抽象为概念，进而寻找概念之间的关系的过程②。概念能够对现象进行抽象描述，但不能对现象进行解释或预测。理论则包含两个及两个以上有关联的概念，能够对现象进行解释或预测。

常见问题解析

常见问题列表

- 研究方法简单罗列；
- 理论基础和研究的关联较弱；
- 对扎根理论理解有误；
- 对文献法理解有误；
- 将观察法理解为随意的观察；
- 访谈未能获得丰富的数据；
- 访谈未能获得“真实”的资料。

---

① 乔森．如何找到好用的理论?［EB/OL］．（2021－03－03）．https：//mp.weixin.qq.com/s/v8sq82bwQbffTNzlTy7fiw.

② OLAOGUN J A，FATOKI O L. Theory building approach using qualitative data analysis［J］. The social sciences，2009，4（1）：12－23.

常见问题 1 **研究方法简单罗列**

问题状况

以下内容摘自教育专业学生毕业论文的研究方法部分：

本研究主要采用问卷调查和访谈相结合的方法对师范生教育实习前后的教师职业认同感进行了数据收集。

（一）问卷调查法

…………

（二）访谈法

…………

解析

毕业论文研究方法部分常见问题是其过于简单：列举几个数据收集方法，比如问卷调查法、访谈法等，篇幅上几百字就算完成了。

实际上，数据收集方法只是研究方法的一部分而已。毕业论文写作时，研究方法作为一个部分，主要涉及研究取向、样本选取、数据收集和数据分析四个部分。

研究取向是研究方法的总体取向，通常是指按照性质的划分，分为量化研究、质性研究和混合研究。如果研究结果是用现象、行为和规律说话，那么该研究属于质性研究，采用的方法称为质性研究方法。如果研究结果是基于数据说话，那么该研究属于量化研究，采用的方法也称为量化研究方法。如果研究结果既有质性研究的成分，又有量化研究的成分，那么可以归为混合研究。

样本选取是指研究者观察或者调查的目标个体，主要涉及研究者如何选取适宜的样本。无论对于量化研究、质性研究还是混合研究，我们都无法穷尽所有的研究对象（总体），而需要采取一定的方式从总体中抽取一定量的容量作为观察或调查对象。量化研究通常采取概率抽样（probability sampling）的方法，从总体中获得一份随机样本，以保证样本能够充分代表总体，从而通过应用统计方法获得客观的结果；而质性研究通常采取非概率抽样（nonprobability sampling）中的目的性抽样方法（purposive sampling），即按照研究目的抽取能够为研究问题提供最大信息量的研究对象①。

数据收集是指研究者通过某种方法从样本身上获得数据。它主要涉及研究者如

① 常用的非概率抽样方法有就近抽样、目的性抽样、滚雪球抽样、配额抽样。

何获得（或创造）数据收集工具，如何使用工具收集数据，以及收集到了什么数据。常用的数据收集方法包括问卷、访谈、文本、观察。一般说来，学生对数据收集方法的了解相对较多，毕业论文中数据收集方法这一部分写得还算详尽。

数据分析是指研究者如何分析已经获得的数据。这一部分是毕业论文写作中较为薄弱的部分，很大比例的毕业论文在论述完数据收集之后就戛然而止，几乎不谈如何分析数据。读者看到后面的研究发现部分时会非常疑惑，不明白这些研究发现是如何得出的。

质性数据和量化数据在数据分析方面存在较大区别。质性数据分析主要是指组织、编码和解释非数值数据的含义，从中发现类型、主题、类别，进而生成理论。质性数据分析并没有绝对正确的方法，而是将符合研究目的（fitness for purpose）作为分析的核心准则。由于质性数据分析非常依赖对数据的解释（interpretation），为了更好地解释数据，研究者在实际操作中总结出了一些实用的质性数据分析技术，包括分析归纳法和连续比较法。这两种方法我们已在第三章第二节做了介绍。

与质性数据分析相比，量化数据分析的操作流程通常会更加清晰。量化数据分析通常会借助统计学来对数值数据进行处理。由于所涉及的统计学公式较为复杂，手动计算耗时耗力，研究者通常会借助 SPSS 等软件进行量化数据分析。这些软件的核心是将相关的统计处理操作进行模块化封装，便于用户通过简单的操作实现复杂的统计功能，用户导入数据，便可以使用这些功能运算数据，从而快速获得结果。如果毕业论文中采用了量化数据分析方法，那么需要告知读者的是研究中对哪些概念（变量）进行操作、用了什么操作方法、使用这些操作能够达到什么效果。

常见问题 2　　理论基础和研究的关联较弱

问题状况

以下内容摘自教育专业学生毕业论文的理论基础部分：

5. 理论基础

（一）建构主义理论

瑞士心理学家皮亚杰最初在 20 世纪 90 年代末提出建构主义理论，他强调，教学要重视学习动机的重要作用，要充分激发学生学习的内在动力，指导学生进行有意义的学习建构，将所学知识主动地与自己已有的学习和生活经验结合在一起。学习的实质是学习者经验系统的变化，也就是说学习者通过学习，其经验系统得到了重组和改造。在大单元教学实施过程中，教师在核心素养的导向下，依据语文课程标准、教学目标和学生情况，有目的地对教学材料加以整合，构建真实情境的教学大单元。学生主动、有意识地参与完整的学习过程同样也是进行学习建构的过程。

（二）情境认知理论

情境是一种以情感调节为手段，以学生的生活实际为基础，以促进学生主动参与、整体发展为目的的优化了的学习环境。教学情境是指教师在课堂教学中，以落实教学目标为导向，基于教学内容创建的具有学习或生活背景且能产生一定情感反馈的学习活动环境。情境认知理论认为，知识不是个体心理内部的表征，而是个体与社会或学习情境之间发生联系互动后的产物。因此，参与基于社会情境的一般文化实践是个体知识结构形成的源泉。

解析

教育专业毕业论文中常会出现专门的一小部分——“理论基础”。这个小部分通常被放到研究方法部分之后、实证研究结果之前。这样的情况每年都会出现，我们试图还原一下为何会有这样的一个部分。

理论基础部分试图为实证研究提供理论支撑，意图是说明后续的实证研究是在这个理论基础上开展的。然而，这个部分在大部分情况下是冗余的，原因如下：

第一，实证研究确实需要前人研究的支持，是在前人研究基础上进一步推进的。而前人的研究在文献综述部分已经完成，故此处不需要再列举新的理论。

第二，实证研究需要系统的研究设计作为支持，在研究设计部分明确采用的理论框架、数据收集工具、数据分析方法等内容。如果需要用到某些具体的概念或理论来解释实证研究的数据，那么便在研究设计部分明确指出所用的理论框架（或概念框架）。

第三，这一部分的论述通常为宏大理论，与毕业论文研究的直接关联度不高。上述案例中的建构主义理论和情境认知理论属于宏大理论，与毕业论文研究没有直接的关系。

基于以上三点原因，建议将这一部分删除。

常见问题 3　　对扎根理论理解有误

问题状况

有些学生在毕业论文的研究方法部分，会讲述自己用了扎根理论的方法来分析数据。然而，在数据分析方法部分，并未明确指出怎么用扎根理论这个方法的，而只是把它当作一个名词术语。

解析

扎根理论（grounded theory，GT）是一种质性研究的方式，其主要目的是从经验资料的基础上建立理论。研究者在研究开始之前一般没有理论假设，直接从实际观察入手，从原始资料中归纳出经验概括，然后上升到系统的理论。这是一种从下往上建立实质理论的方法，即在系统性收集资料的基础上寻找反映事物现象本质的核心概念，然后通过这些概念之间的联系建构相关的理论。

当研究设计部分出现扎根理论作为数据分析方法时，意味着：

- 论文不借助前期的理论和概念，认为前期的文献无助于对事物现象的理解。
- 论文的目的是超越现象，从现象中抽象出学术概念，从而建构理论。

这两点对于研究者的考验极大，新手通常无法胜任。故此，通常不建议学生使用扎根理论作为数据分析方法。

常见问题 4　　对文献法理解有误

问题状况

以下内容摘自教育专业学生毕业论文的研究方法部分：

文献研究法

本文充分利用了大学图书馆资源以及知网等网络电子文献资料平台，来进行专著、期刊等文献资料的收集、整理。通过文献研究法，研究较为全面地梳理了不同时期识字教学的发展历史和改革进程。同时通过文献研究法，笔者确定了本文的研究方向，明确了本领域相关研究的成果，找到了研究出发点和突破口。在研究过程中，通过文献研究法对文献资料的搜集、整理、阅读与研究，为本文的撰写提供了强有力的理论支持。

解析

许多学生在阐述研究方法部分时，常把文献法（或叫文献回顾法、文献分析法、文献研究法）列为一种研究方法。毕恒达明确指出，许多学生在论文研究方法章节声称使用的文献法并不是一种研究方法，而是把研究方法和文献综述部分混淆了①。

从本案例中的文献法的具体表述中也可以看到，文献法的意图是确定研究方向，明确相关领域相关研究的成果，找到研究出发点和突破口。毕业论文的一般结构是文献综述在前，研究方法在后。基于文献综述推导出本研究的研究问题，研究方法指向的是这个研究问题打算如何开展。那么，在研究方法部分列举文献法，讲述打算通过文献分析明确研究问题，就会使得从文献综述到研究方法的单向逻辑线变成了循环论证，对逻辑链条造成干扰。

常见问题5　将观察法理解为随意的观察

问题状况

一些初学者声称论文使用了观察法，然而“观察”却是比较随意，研究步骤并不完整。以下内容摘自教育专业学生毕业论文的研究方法部分：

参与式观察，就是研究者深入所研究对象的生活背景中，在实际参与研究对象日常社会生活的过程中所进行的观察。它是本研究中资料收集的一种主要方法，所获得的信息可以与访谈的资料互相佐证。为了能够真实地了解研究对象的活动状况，笔者参与了小组每一次集体活动，并做了观察记录。

解析

观察法作为一种资料收集方法，需要积极调动自身的感官，以系统而有意义的方式收集数据。观察法可以帮助研究者获得现场的一手资料，回答“这里发生了什么”的问题。观察时需要有明确的边界和关注焦点。

观察可以分为量化观察（quantitative observation）和质性观察（qualitative observation）这两种类别。

---

① 毕恒达．教授为什么没告诉我：论文写作枕边书［M］．北京：法律出版社，2007.

量化观察又称为标准化观察（standardized observation），通常采用结构化设计，由研究者使用一定的观察工具系统地收集可以量化的数据并用数字表示。量化观察需要我们明确要研究的某个行为及其操作化定义，确定测量标准并予以准确记录。这种观察使用数字和测量，因此它可以帮助我们精确跟踪和测量对象或现象。虽然研究者收集的数据必须经过研究者的主观经验过滤，但通常都说量化观察数据本质上是客观的。

质性观察通常采用半结构化或者是非结构化的设计。研究者采用质性观察方法的时候需要聚焦特定的对象，详细记录自己观察到的内容。对于教育专业论文写作而言，非结构化设计容易丧失观察焦点，因而本书建议使用半结构化设计。在开展观察之前设计观察导引（observation guide），明确在观察时关注的主要对象，并在观察期间详细记录。梅里亚姆列举了观察导引需要记录的主要元素①。首先是物理环境，研究者观察关注对象所处的周边环境并做详细记录。其次是参与者的情况，记录参与对象在环境中所发生的活动和互动。另外，研究者还需要记录这些活动/互动的频率、持续时间。现场中出现的各种突发状况也是有价值的观察内容，比如非正式的、计划外的活动、象征意义、非语言交流，以及本来应该发生但没有发生的事情。

常见问题 6　访谈未能获得丰富的数据

问题状况

以下内容摘自教育专业毕业论文访谈提纲：

1. 老师，请问您是教哪一门学科的？

2. 您周一至周四会给学生布置作业吗？需要带回去做吗？（追问：您觉得这算是家庭作业吗？）

3. 您周五会布置作业给学生带回去当周末作业完成吗？

4. 听说学校不让低年级教师给孩子留家庭作业，是吗？

5. 那你们的真实情况呢？会留吗？

6. 我看到周末生活学习指导单上关于作业有“建议”“感兴趣的小朋友可以

① MERRIAM S B. Qualitative research and case study applications in education [M]. San Francisco: Jossey-Bass Publishers, 1998.

完成”等字样，那是不是意味着学生真的可以不写？会有不写的孩子吗？他们应该都会写的吧？那这些字样的出现是不是为了规避掉相关规定呢？

7. 您觉得低年级孩子需要布置家庭作业吗？

8. 您一般都让学生完成什么样的作业呢？

9. 您会让家长参与孩子的作业吗？比如让家长检查之类的。您希望家长参与进来吗？

10. 通过您收上来批阅的情况，您觉得家长会参与进来吗？频率呢？

解析

这份访谈提纲可能会引发一个直接的结果，就是受访者回答的内容非常少，甚至不愿意接受访谈。访谈提纲主要有两个问题：其一，部分问题属于简单的判定性问题，回答是或者否即可；其二，部分问题暗含对学校实践的不信任。

首先来说第一个问题，判定性问题。访谈过程中应尽量少问是/否判定性问题。访谈的目的是获得对于事实的丰富的资料，然而判定性问题容易引发受访者简单的回答，阻碍进一步深入的交流。以上案例中，大部分问题都属于判定性问题。

我们可以想象一个交谈画面：提问者说了一段话来提问，受访者只回答了“是”或者“不是”就戛然而止了。一个回合的交流至此结束。提问者不得不抛出下一个问题，让访谈能够继续进行下去。然而，当这种情况持续发生时，双方的交流会陷入尴尬的境地。如果访谈结束后，受访者说的话屈指可数，访谈基本上以失败告终。

其次，我们再来说说第二个问题，不信任的问题。深度访谈是建立在双方信任的基础上开展的，受访者只有感觉到这种信任感时才会敞开心扉。然而，以上案例中的第 4、第 5、第 6 三个问题暗含对于学校给学生布置作业的状况的质疑，认为学校违反政策规定给学生布置作业。这样的一种不信任感会让受访者产生受到冒犯的心理感受：“作为一个外人凭什么质疑我们学校的工作？”由此，双方之间的信任链条断裂，不仅影响到研究的开展，甚至会产生更大的不良后果。

基于以上的解析，我们倡导学生在设计访谈提纲时，所设计的问题尽量不带有个人的主观色彩或者评价，让受访者讲述真实发生的情况和心理感受。为此，对本案例中的访谈提纲做了如下修改：

1. 学校对于老师给学生布置作业有什么相关规定吗？您怎么看这些规定呢？

2. 如果学生在学校做作业，老师可以给学生什么指导呢？

3. 平时您会怎么做呢？关于作业安排（如布置作业、指导作业），您觉得自己做得怎么样？

4. 其他老师是怎么做的呢？

5. 其他老师对于学校的相关规定是怎么看的？

6. 在您的班上，家长参与的情况怎么样？家长一般怎么参与？

7. 您觉得这种参与怎么样呢？

8. 学生作业的完成情况如何？您觉得学生对于作业的态度是什么呢？

常见问题 7　访谈未能获得“真实”的资料

问题状况

以下内容摘自教育专业毕业论文的访谈提纲：

1. 您认为在教学过程中应由教师提问还是由学生提问？

2. 您认为学生应该在课堂上进行提问吗？有什么优缺点？

3. 在教学过程中，您的学生提问次数多吗？学生为什么不进行课堂提问呢？

4. 您在课堂教学中经常采用什么方法培养学生的问题意识？

解析

这篇论文关注的是小学语文课堂教学中学生问题意识的培养，访谈提纲主要围绕“应然的”而不是“实然的”课堂提问展开。访谈提纲的前两个问题出现了“应由”“应该”这样的指示词，显示出这位学生关心的是课堂提问的理想状态。那么，受访者也会自然而然地回答在他心目中的理想状态是怎样的。

这样的提问方式会导致回答内容比较抽象，难以落地。所收集到的资料更多的是受访者的看法甚至是吐槽，而不是在班级课堂里实际发生的状况。此种情况下，后续的数据分析就缺少了现实基础，成了空中楼阁。

在开展访谈时，最初的引导性问题应该围绕的是现实层面真实存在的现象，引导受访者讲述现实中发生了什么。有了“是什么”的铺陈之后，再围绕“为什么”“怎么做”展开。

关键要点复盘

● 研究设计的框架从宏观到具体可以分为研究取向、研究策略、具体的研究方法三个层次。毕业论文中常见的问卷法、访谈法并不是研究设计的全部，只是具体的研究方法中的内容，属于数据收集方法这一环节。

● 社会科学研究流程包括生成假设、实证观察、基于数据进行模式推断、生成理论或者验证理论四个环节。这四个环节按照循环往复的方式持续推进，形成飞轮效应，持续推动科学的发展进步。

● 概念框架/理论框架解释了研究的路径，为研究提供了坚实的理论构想。它能够引导研究者确立关注焦点，明确研究设计，引导后续的资料收集和分析过程。

● 量化研究通常采取概率抽样的方法选取样本，质性研究通常采取目的性取样或者是理论性取样方法。

● 根据数据类型不同，数据分析可以分为量化数据分析和质性数据分析。量化数据分析包括描述性统计和推断性统计。质性研究分析主要包括描述、概念整理、理论整合三个分析层次。

● 质性研究数据分析强调研究者的理论敏感性，即研究者从数据生成概念、按照常规理论模型在不同概念之间建立连接、理论发展的能力。

● 三级编码是质性数据分析的程序化编码方式，包括开放编码、主轴编码、选择性编码三个循环往复的步骤。

思考与练习题

1. 选取一篇自己感兴趣的实证论文，研读并找出研究设计所包含的主要内容，对照本模块中涉及的研究设计的架构，对该论文进行评价。

2. 挑选一篇有概念框架（或理论框架）的实证论文，分析概念框架（或理论框架）所起的作用。

3. 围绕特定的研究主题，分别选取采用不同研究方法的论文，对其进行比较，分析论文为何会使用这些研究方法。

4. 选取一篇质性研究论文，分析该论文是如何进行数据编码的。

第四章

研究发现与讨论

本章学习目标

- 能够辨别研究发现与讨论的区别；
- 能够制作三线表；
- 掌握研究发现的基本结构；
- 掌握讨论部分的写作方法。

第一节　研究发现的架构

在撰写研究发现之前，研究者需要规划总体结构，确定这一部分的布局方式，以确保研究发现部分是一个有逻辑性的整体。西尔弗曼和马尔瓦斯蒂指出，研究发现的架构通常采用假设性叙述（hypothesis story）、分析性叙述（analytic story）和推理性叙述（mystery story）三种模式①。

① SILVERMAN D，MARVASTI A. Doing qualitative research：a comprehensive guide [M]. California：Sage Publication Inc.，2008：389 - 392.

一、假设性叙述

量化研究通常会在研究发现部分汇报数据分析的结果。许多学生在开展量化研究时，基本上都会采用描述性统计方法对研究对象进行分析，描述数据的集中趋势和离散趋势。同时，部分学生也会采用推断性统计方法，分析数据的均值差异或者变量之间的关系。汇报数据统计结果能够让研究结果更加可靠。然而，教育专业学生在汇报量化研究结果时普遍存在一个问题，即所汇报的研究结果比较细碎，缺少一个整体的框架作为指引。

相较而言，逻辑性、结构性更强的方法是采用假设性叙述汇报量化研究结果。通常围绕假设框定研究结果，以“陈述假设-验证假设-讨论”的结构进行铺陈。

● 陈述假设。研究发现部分，首先简要陈述研究会使用什么具体的统计分析方法来验证什么假设。

● 验证假设。基于研究假设，汇报数据统计结果，明确指出研究假设是否得以验证。在量化研究中，此部分通常会使用图表。需要说明的是，这个部分并不需要汇报所有的研究结果，而只是需要汇报与研究假设有关的内容。

● 讨论部分。对研究结果进行解释和评价，将研究结果和文献综述、研究问题建立关联。

在这一部分中，可以采用以下清单检测量化研究发现部分的质量状况（如表4－1所示）①。

表 4－1　量化研究发现质量自评清单

清单条目	是否完成
1. 已经完成了数据收集并分析了结果	
2. 已经包含了与研究问题相关的所有结果	
3. 已经简洁客观地报告了每一个结果，涉及描述性统计和推理性统计	
4. 已经说明了每个假设是被支持还是被反对	
5. 在适当的地方使用了表格和图来说明研究结果	
6. 所有表格和图都已正确标记	
7. 对研究结果的含义没有主观的解释或推测	

① GEORGE T. How to write a results section [EB/OL]. (2022－08－30). https://www.scribbr.com/dissertation/results/.

与量化研究不同的是，质性研究由于缺少明确的假设，且难以通过变量相互关系验证或者证伪某个命题，所以很少采用此种结构。质性研究的发现部分通常用于汇报数据分析中呈现的主题，总体架构常采用分析性叙述和推理性叙述。

二、分析性叙述

分析性叙述以清晰的逻辑线索贯穿于整个研究发现部分，且每个段落都是整个分析性逻辑线索的一部分。施特劳斯和科宾高度强调分析性逻辑在质性研究写作中的地位，认为所有的研究都是围绕分析性逻辑展开的，写作过程则是把分析性逻辑向读者阐述清楚的过程①。为了让研究发现更容易被读者理解，质性研究论文需要把分析性逻辑线索摆在明显的位置，清晰地展现给读者，而不是指望读者从文字中自己去寻找。为此，西尔弗曼和马尔瓦斯蒂指出，研究者在写作的时候，可以借助一些问题来协助自己构建论文的分析性逻辑：这项研究我打算使用什么核心学术概念？我的研究发现如何清楚地表征这些学术概念，并把研究主题呈现出来？在这篇论文中我打算如何回答研究问题？②

有些研究者在数据收集阶段便设计了严谨的概念框架，并在资料分析和写作过程中一以贯之。《教育公平还是社会流动：中国师范生和免费教师教育项目的价值冲突》一文中，便采取这种方式来开展研究③。两位研究者在研制访谈提纲时，便从学生选择免费师范项目的动机、师范生到乡村学校从教的意愿、免费师范项目的课程和教学这三个层面加以设计，并在分析资料和写作时延续了这样的架构。为了使分析性逻辑更加明确，两位研究者在研究发现部分以“选择免费师范生项目的动机”“乡村学校从教的态度”“学习经历和道德指引”作为二级标题来突出主题。这种架构方式使得研究设计、数据收集、数据分析和写作在逻辑上保持高度一致。

另外有些研究者则从前人研究中选取理论框架作为自己研究的分析性逻辑。

① STRAUSS A，CORBIN J. Basics of qualitative research [M]. Newbury Park，CA：Sage，1990：230.

② SILVERMAN D，MARVASTI A. Doing qualitative research：a comprehensive guide [M]. California：Sage Publications Inc.，2008：390.

③ WANG D，GAO M. Educational equality or social mobility：the value conflict between preservice teachers and the free teacher education program in China [J]. Teaching & teacher education，2013，32 (3)：68 - 73.

比如，科博尔德在《吸引和留任加纳乡村教师：一个地方资助项目的前提和期望》一文中，选择采用前人建立的理论框架，从条件、特征和补偿三个层面分析地方资助项目的成效①。需要说明的是，这一理论框架与研究者收集访谈资料时采用的访谈提纲并不一致。在开展访谈时，研究者围绕地方资助项目如何开展和运作，访谈地方教育行政部门的主管和 3 位职员；围绕参与态度和动机，访谈 12 位参与项目的教师。理论框架具有很大弹性，可以很好地容纳访谈资料。

三、推理性叙述

与分析性叙述相比，推理性叙述更注重描述复杂的情节，以讲故事的方式揭示复杂的现象，捕捉真实的细节。推理性叙述首先提出一个谜题，然后通过问题和回答逐步展开论述，揭开谜底②。推理性叙述由研究者带领读者从实证案例出发，发现一些问题并进行讨论，逐步导向对材料的深度解释，然后走向具有普遍性的含义。这种架构方式可以牢牢地抓住读者的注意力，把读者带入情境，并以归纳的方式展现研究发现是如何逐步揭示出来的。

《“我需要坚强能干”：教学实习中一位师范生的情感和身份的叙事研究》一文便采用推理性叙述的方式呈现出师范生在教育实习过程中如何应对所经历的情感体验并建构自己的专业身份③。师范生在实习过程中面临怎样的情感体验和身份冲突，又是如何应对的，便成为这篇论文打算揭示的谜题。两位研究者对受访者的教育实习过程进行跟踪，通过四次访谈和收集日记获得质性资料。而师范生情感体验和身份冲突这条主线如何推进则是研究者在数据分析中逐步形成的。两位研究者发现受访者的情感体验浮现出“我已经成为一名教师”“我是同谋”“我希望我能做更多”“我在谷底”“我需要坚强能干”这五个突出的主题，并以这五个主题来描述受访者在实习过程中的情感波动。通过这位受访者的个人故事，呈现师范生专业身份建构过程中的情感历程，揭示实习场域中指导教师、学

① COBBOLD C. Attracting and retaining rural teachers in Ghana：the premise and promise of a district sponsorship scheme [J]. Journal of education for teaching，2006，32 (4)：460 - 464.

② ALASUUTARI P. Researching culture：qualitative method and cultural studies [M]. London：Sage，1995.

③ YUAN R，LEE I. “I need to be strong and competent”：a narrative inquiry of a student-teacher's emotions and identities in teaching practicum [J]. Teachers & teaching，2016，22 (7)：824 - 826.

生、学校系统、文化、个体能动性的相互关系和复杂影响。

第二节 图表的使用方式

研究发现部分常使用一些图表来传达容量较大或者用文字不太容易表述的信息。与文字相比，图表能够形象地展现大量复杂的信息，便于读者理解。同时，图表还能够揭示隐藏在数据背后的发展趋势、规律或模式。

一、正文中图表的应用场景

图表实际上包括表格和图这两个类别。其中，表格可传达精确数值，为研究结果提供简明概述，提高论文的可读性。而图是结果的直观表示，将发展趋势和变量关系可视化，让关键的研究发现一目了然。简单而言，表格和图的主要区别在于，表格通常用于显示原始数据，图主要用于显示关系的趋势和模式。

在决定用图表呈现结果时，需要考虑以下问题：

- 有没有什么数据是读者更愿意看到用图表呈现而不是文本介绍？
- 图表是对文字部分的补充，而不是重复已经说过的话吗？
- 有没有把重要的数据放入一个容易用文字解释的表格中，比如简单的统计或 p 值？

毕业论文中的表格主要以三线表的形式呈现。与普通表格相比，三线表的形式简洁、功能分明、阅读方便。三线表没有竖线，通常只有 3 条横线，即顶线、底线和栏目线。其中顶线和底线为粗线（通常为 1.5 磅），栏目线为细线（通常为 0.75 磅）。如果表格内容比较复杂，表格中可以增加一些辅助线，以便于阅读。但是，无论加多少条辅助线，仍称作三线表。三线表包括表序、表题、表头、表身、表注等要素，示例如下：

表序 表题

表头
表身

表注

与表格相比，图的样式更加多样，不同类别的图在传达信息方面亦有所差异。常用的图表类型及应用场景有：

● 饼图、水平条形图：便于比较比例和相对数量大小；

● 柱形图、折线图：能够显示趋势或者事物随时间变化情况；

● 直方图、累计百分比图和箱线图：能够显示典型值和特例值，或者两个组别在某些维度的比较；

● 散点图：显示变量之间的相关性；

● 地图、照片：显示空间关系。

需要注意的是，一般情况下，图表尽量为普通的黑白色，不要放置彩色的图表。

二、如何描述图表

许多学生都会在正文部分使用图表，用可视化的方式呈现复杂的结果。特别是对于量化结果的呈现上，图表比文字具有更大的优势。但是，在使用图表时会陷入图表堆叠的困境：既然图表可以充分展示数据，有图表就够了，把研究结果用图表的形式摆出来以后，感觉无话可说了。

需要注意的是，毕业论文中图表并不是孤立存在的，需要配以适宜的文字，才能发挥其作用。就像在陆地作战中，坦克被称为陆战之王，具有强大的直射火力、高度越野机动性和很强的装甲防护力。但是，如果战场上只有坦克的话，这些坦克往往会被当成活靶子。坦克和步兵协同作战，才能发挥陆战之王的威力。

正文中图表的表述可以采用三层结构①：

● 指出图表中表现出什么可观察到的特征与趋势，以文字的形式再现图表中的关键点。

● 对重要观察与趋势进行解释或解读，解释为何会出现特定现象或发生特定行为。

● 指出图表中观察与趋势的启示。这个部分超越了表格本身，展现表格之外的含义。虽然有些时候它也会被省略，不过在多数情况下优秀的研究者依然会保留这个部分。

---

① ZHU Y. How to explain a scientific figure [EB/OL]. (2014-08-16). http://yuhaozhu.com/blog/explain-figure/.

第三节 讨论部分的写作

汇报完研究结果的下一步是进行讨论。讨论通常被视为一项研究的“心脏”，最能反映作者掌握的文献量和对某个学术问题的了解和理解程度。讨论部分通过解释现象、阐述观点，说明研究结果的含义，为后续研究提供建议。在这一部分，需要解释说明研究结果如何支持自己的学术主张，以及这些学术主张与该主题现有的相关知识的吻合程度。

然而，讨论是许多毕业论文的薄弱环节。很多毕业论文被评委质疑：“这些研究结果我们都知道，做这个研究有什么意义呢?”当出现这样的情况时，很可能的原因是论文只汇报了研究结果，缺少讨论部分或者讨论的深度不够。

研究发现和讨论有很大的差别。研究发现是指通过收集和分析数据，发现了什么事实存在，其中没有掺杂自己的主观判断。而讨论则是解释研究的主要结果和潜在价值：带来了什么知识，有什么广泛意义。这一部分非常考验研究者本人的能力，写作质量依赖于个人的学术水平和掌握的知识广度和深度。

讨论部分可以从以下几方面入手①：

- 识别数据之间的相关性、模式和关系；
- 讨论结果是否符合之前的期望或支持之前的研究假设；
- 在先前的研究和理论中将自己的发现置于具体情境中；
- 解释意外的研究结果并评估其重要性；
- 考虑可能的替代解释并为自己的立场进行论证。

同时，在讨论部分，研究者需要将自己的研究发现和前人的研究发现进行比较和对照，从而把自己的研究发现嵌入现在的研究体系当中。以下的引导性问题可用于了解比较和对照的作用②：

- 你的研究发现与之前的研究发现一致吗？如果一致，你的研究发现会添加什么？
- 你的研究发现与之前的研究发现有不同吗？如果有不同，为什么会出现这

①② MCCOMBES S. How to write a discussion section [EB/OL]. https://www.scribbr.com/research-paper/dissertation/.

些不同？

- 你的研究发现是否支持或挑战现有理论？
- 你的研究发现有什么实际意义吗？

讨论部分需要将分析的数据和理论加以整合，在分析的数据、生成的理论和现有文献之间建立明确的联系[①]。比较的目标是寻找一致性和差异性，无论结构是同还是异，都需要挖掘背后的原因。在比较同和异的时候，需要注意的是，这里指的不只是研究结果层面的异同，更重要的是寻找现象背后的解释机制。即便是相同的研究结果，其解释机制也有可能是不同的。

如果发现自己的研究发现跟前人的研究发现出现矛盾，那么就要进行重点解释了。比较自己的研究发现和前人研究发现的差异，用现有的知识和理论为你的发现和观点进行辩护。

在具体操作上，质性研究和量化研究对于讨论部分的处理有一定的不同。如果采用的是量化研究，可以采用规范的结构，用单独的一章进行讨论。讨论可以包括以下内容：回顾绪论提出的主要目标，明确讨论的具体目标，指出解决方案的独创性，解释和分析结果，说明研究的局限性，陈述潜在的应用。其中的主体部分是解释和分析结果。

如果采用的是质性研究，讨论部分的位置相对比较灵活：可以单列一部分；也可以将讨论贯穿于研究发现的汇报当中，把讨论和研究发现整合在一起；或者把讨论和结论部分整合在一起。操作性比较强的方式，是在每一章有一个专门的部分对本章的结果进行讨论，然后在总结和展望部分再做一个总体的讨论，从总体上讨论不同部分结果之间的关系和共同的意义，重点解释看起来跟前人研究矛盾的结果。

研究发现和讨论构成了实证研究的主要部分，用于呈现数据分析结果，回答研究问题。研究发现部分需要汇报自己获得的实证研究结果。这一部分简单而客观地报告了实证研究的发现，而无须推测为什么会发现这些结果。讨论部分则是对研究结果的深度挖掘。讨论部分会解释结果的含义，将它们置于情境脉络中，并解释它们为何重要。在质性研究中，有时会将结果和讨论结合起来。而在量化研究中，通常会将客观结果与讨论部分分开处理。

---

① BANSAL P，CORLEY K. Publishing in AMJ-part 7：what's different about qualitative research?[J]. Academy of management journal，2012，55（3）：509-513.

常见问题解析

常见问题列表

- 研究发现的标题未反映主要的发现；
- 数据分析脱离概念框架；
- 研究设计的内容放到了研究发现部分；
- 文献综述的内容放到了研究发现部分；
- 数据分析超出了数据本身传达的信息；
- 研究发现不符合真实的教育实践状况。

常见问题1　研究发现的标题未反映主要的发现

问题状况

以下是一位教育专业学生毕业论文研究发现的各级标题：

第三章　小学生数学审题能力的现状调查研究

一、小学生数学审题能力现状调查研究成果总结

（一）访谈的相关成果总结

（二）问卷调查的相关成果总结

（三）测试调查的相关成果总结

解析

研究发现的标题需要反映主要的研究发现。而在以上的案例中，标题只是突出了用的数据收集方法是“访谈”“问卷调查”“测试调查”，其他的内容几乎没有了。这就导致标题的信息量很小，读者难以从标题获知主要的研究发现。

常见问题2　数据分析脱离概念框架

问题状况

学生到学校实习的时候，观察到一些现象，然后就“情不自禁”地开始评论。以下是一位学生交上来的观察日志：

新手教师前三年都要手写教案，教学反思就写在教案的后面。新手教师一般反思的都是课堂纪律好不好、学生课堂的专注度情况、教学环节的时间、教学目标是否完成等，也就是反思教师的教学设计是否合理，根据学生的课堂表现判断

这节课的效果咋样，然后依据课堂出现的问题反思改进方案。新教师反思的形式有与自己的一对一师傅交流，还有每节课结束之后写反思总结。

工作十年左右的老教师一般不写反思总结，更多的是和同办公室老师一起讨论这节课发生了哪些问题，和同行一起交流。因为他们教了那么多年，也确实对课堂了如指掌，对所教的知识已经熟记于心了，不一样的地方可能就是每届学生都在变，学生的情况不能够了然于胸。所以，老教师对于反思就不是采用书面形式了，更多的是说的形式。

我最近也听过几场教研会，每场教研会都是先由授课老师授课，结束之后找同年级老师进行说课，然后授课老师反思，紧接着再由其他年级老师评课，每个年级选一个代表。每场教研会都是这样的流程，而且会上老师说的基本都是优点，都在夸这个老师课上得多么好，几乎没有指出缺点的，让人感觉流于形式。我觉得如何在教研会上调动每个老师的积极性，鼓励老师发言，不要碍于面子是很重要。并且教研要采用多种形式，如果一直采用一种流程，那教师很容易就会产生懈怠心理。教研会上的课肯定都是经过精心打磨的，开展教研是为了能够让授课教师获得成长，也能让听课教师学到一定的课堂管理技巧和教学方法，但是怕就怕在教研流于形式、停滞不前。

解析

前两段的内容大体上属于观察，能够客观地呈现实习学生看到了什么。到了第三段，就开始对看到的现象“指手画脚”。这种“指手画脚”只是对于现象的主观评论，而不是我们研究中说的深度分析。

出现此类问题，主要原因在于，这样的评论跟研究所用的概念框架没有关联，而只是认为现象不符合心理预期而做出的批评。通常来讲，人们一般会有习惯性的脑回路：从个人视角出发，在日常观察中产生想法，发现某些东西的缺陷，基于常识加以回应。对于研究者而言，需要放弃这样的回路，从个人视角转向特定的理论视角，基于理论视角将在生活中看到的现象转换为研究问题，利用分析工具对获得的资料进行分析，基于分析结果回应问题。

对此，笔者专门写了回应：

> 这个实习学校是你特别想去的学校，说明这个学校的质量是不错的。但是在你的思考里面，有很多对于教师反思的负面评价。这里需要谨慎地告诫自己：这样的评价是不是操之过急了？你思考的第 3 点：“我觉得如何在教

研会上调动每个老师的积极性……”，这样的评价可能是不恰当的。作为才进入这个学校3周的实习生，给他们这样的评价，并不妥当。请注意，重点不是指出他们的问题，而是解释看到的现象。

假如我们认为你看到的现象是真实的，那么如何用场域-惯习的理论来解释呢？可能的理解是，新教师手写教案、老教师口头说教案已经是这个学校的常态（其实很多学校都是这样的），这种方式整体上塑造了一种场域。整体场域是新教师处于严密规则之下。随着教龄增大，教师在教学中有更大的自主权和弹性。或者说，随着教龄增大，教师的能力在学校中是受信任的，不需要更多的严密规则了。惯习是指新老师通过手写教案进入细节，聚焦教学规则，并尽快掌握。在此过程中，专注细节让他们对于教学有切身的理解。同时，师傅会帮新教师指出存在的问题。而老教师更多是对教学有宏观的理解，通过自我反思发现存在的问题。在此时，其他人对老教师的帮助已经不太大了，而更多的是提供一种环境。

用场域-惯习的理论解释你看到的现象，这是关键。

常见问题3　研究设计的内容放到了研究发现部分

问题状况

以下内容是摘自教育专业学生毕业论文的研究发现部分的目录：

二、关于小学生数学审题能力现状的问卷调查研究

（一）研究目的

（二）研究对象

（三）调查问卷的编制

1. 调查问卷的编制

2. 问卷信效度分析

（四）问卷调查结果分析

解析

这篇论文做了五年级小学生数学审题能力现状的问卷调查，汇报自己的研究发现。然而，问题在于在这个部分中，“（一）研究目的”“（二）研究对象”“（三）调查问卷的编制”的内容都是关于研究设计而不是研究发现的。直到

“（四）调查问卷结果分析”才开始汇报研究发现。因此，建议把“（一）研究目的”“（二）研究对象”“（三）调查问卷的编制”都上移到研究设计部分，此处直接汇报问卷调查结果。

常见问题4　　文献综述的内容放到了研究发现部分

问题状况

以下内容摘自教育专业学生毕业论文的研究发现部分：

第一章　小学数学课堂开展合作学习的价值意蕴

本章首先阐述小组合作学习的基本要素，接着分析在小学数学课堂上开展合作学习的价值意蕴。

一、小组合作学习的基本要素

当前的理论研究者对合作学习要素的分类有所不同，但受到群体公认的理论仍是约翰逊兄弟提出的五因素理论。

…………

二、小学开展数学小组合作学习的价值意蕴

…………

解析

这篇论文关注的是数学课堂小组合作学习，在研究发现部分呈现了“小学数学课堂开展合作学习的价值意蕴”。然而，看了这一部分内容以后，发现小组合作基本要素和价值并不是作者自己的研究发现，而是来自前人研究。比如，在小组合作学习的基本要素这个部分，列举了约翰逊兄弟提出的五因素理论。对于这一部分，建议整合到文献综述中，而不是单列作为研究发现的一部分。

常见问题5　　数据分析超出了数据本身传达的信息

问题状况

以下内容摘自教育专业学生毕业论文的研究发现部分：

笔者：小组合作时，你们老师一般是怎么给你们分组的？

受访者：我们经常是前后四人为一组，有时候比较简单的问题就是同桌两人为一组讨论。

笔者：老师会给你们进行其他方式的分组吗？

受访者：我在L小学的时候没有过，之前的学校我们老师有时候会让我们横着一排4～6人为一组，或是竖着一排。

可见，当前的小组合作学习分组方式较为单一。这样的分组方式最方便课堂管理，但会造成学生之间出现固化的角色分工，一个组内的“优等生”与“末等生”的组合形式一成不变，很容易造成个别学生的霸权现象。

解析

这篇论文首先摘录引用了一段访谈资料，然后对这段访谈资料所传达的信息进行分析。从引文当中可以知道，小学生班级方式通常比较确定，大多采用四人分组，有少数情况采用同桌两人一组。然而，这篇论文进一步推导出的“固化的角色分工”“霸权现象”，超出了这段访谈数据本身的信息表达，属于作者的猜测，证据支持不足。

常见问题6　研究发现不符合真实的教育实践状况

问题状况

以下内容来自一位教育专业学生毕业论文的研究发现部分：

应试课程限制

从当今国内的教学现状而言，分科教学仍然是小学教育中的主要教学模式，学生成绩仍然是小学教育以及升学过程中的重要因素，所以小至学校、大至区市的课程限制成了阻碍跨学科主题教学实施和发展的重要因素。常规课程的规定一方面压缩了跨学科主题教学的时间，另一方面也影响了小学教师对跨学科主题教学的研究和准备，教师仍然将自己大部分的精力和时间花费在常规课程上。

解析

这位学生关注的是小学跨学科主题教学。在研究发现部分，她提出，跨学科主题教学难以普及以及教学效率不高，是因为应试教育课程的限制。

毕业论文的研究发现应该符合真实的教育实践情况。然而，许多学生在教育实践方面的积累不足，往往将教育理论中所提及的理想的教育模式或者国外教育实践作为分析基点，并对与之不相符的教育实践加以批评。这种分析思路常导致研究发现不符合真实的教育实践状况。

本案例将国外的跨学科主题教学视为理想的模式，而将个案学校的分科教学视为存在问题的模式。基于这一主张进一步推断为何国内未能开展跨学科主题教学。这一分析思路存在的问题在于，在基本立场上将分科教学视为比跨学科主题教学差的一种教学模式，进而将学校中促进分科教学开展的因素视为阻碍跨学科主题教学的因素。

打个比方，苹果和山楂是两种不同的水果，苹果个头大、甜度高，而山楂个头小、酸度高。于是有人说，山楂不如苹果好吃，进而提出疑问，是什么原因阻碍了山楂变得好吃呢？人们当然可以找到一系列的原因。然而，这里的基本立场出了问题，山楂并不是苹果，不应该用苹果的属性来衡量山楂。

关键要点复盘

● 研究发现和讨论构成了研究结果的主要部分。研究发现部分需要汇报实证研究结果，无须推测为什么会发现这些结果。讨论部分则是对研究结果的深度挖掘，解释结果的含义，将它们嵌于情境脉络之中。

● 研究发现的总体结构通常包括假设性叙述、分析性叙述和推理性叙述三种模式。其中，假设性叙述常用于量化研究，分析性叙述和推理性叙述常用于质性研究。

● 研究发现部分常使用一些图表来传达容量较大或者用文字不太容易表述的信息。学术论文中的表格常使用三线表的形式。

● 讨论部分需要将分析的数据和理论加以整合，在分析的数据、生成的理论和现有文献之间建立明确的联系。量化研究的讨论部分通常单列，而质性研究的讨论部分可以与研究发现或结论合并。

思考与练习题

1. 分别查找基于假设性叙述、分析性叙述和推理性叙述三种模式组织研究发现的期刊论文，体会研究发现的呈现方式。

2. 选择特定的表格，将其修改为三线表。

3. 查找借助图来呈现研究发现的期刊论文，体会不同类别的图在传达信息方面的差异。

4. 挑选自己感兴趣的期刊论文，体会研究发现部分如何回答研究问题，讨论部分如何对主要的研究发现进一步深入挖掘。

第五章

教育论文的非主体部分

本章学习目标

- 掌握结论与启示的写作方法；
- 掌握参考文献的基本格式；
- 了解文内引用和参考文献的格式要求；
- 掌握致谢部分的写作方法；
- 掌握摘要的写作方法；
- 了解毕业论文查重；
- 了解论文答辩的准备工作。

第一节　结论与启示的写作

作为毕业论文的最后一章，结论与启示部分包含许多要素。这一部分需要提供论文的要点，主要涉及根据研究发现，能够得出什么结论，以及这些结论对于后续研究和实践推广有什么启示。

毕业论文的结论，需要包含以下四个部分的内容：

● 简明扼要地重申论文的研究主题及其重要性。

● 简要归纳研究了什么问题、用了什么方法、得到了什么结果并得出了什么结论、回答是否解决了绪论中提出的问题。

● 归纳研究的要点、贡献或创新点。如果方法或思路突出，那么提炼方法有何突出的地方。如果某结果重要，那么指出结果是什么，为何重要。强调发现了什么现象、获得了什么规律、提供了什么不一样的数据、纠正了什么认识、丰富了什么知识等。

● 总结本研究工作的意义和价值。

毕业论文的启示，可以包含如下内容：

● 论文工作的不足。比如，指出研究手段的不足、考虑的参数或样本的范围有限。请注意，此处的不足是说个人研究水平的不足。

● 未来可开展的工作。主要涉及由本研究向外延伸可能的工作，而不能提无关的工作。

● 未来工作的意义。此处可以指出开展未来工作的大致思路，需要拥有什么样的条件才能开展未来工作。

● 指出未来工作是自己将要开展还是建议别人开展。

第二节　引用与参考文献格式

任何一项研究工作，都是建立在别人工作的基础上，因此需要恰当引用别人的工作。恰当引用参考文献有诸多积极的作用：能够证明你的研究考虑过别人的研究，为读者提供了解更多信息的线索，表明自己是一名细心的研究者，展现职业级别的诚实和礼貌，避免被视为剽窃。

一、文献引用的参考性原则

毕业论文写作对于学术规范的要求很高，要求学生按学术规范引用和引述使用参考资料，不能有伪造和篡改等造假行为，更不能有成果剽窃和抄袭。对于出现严重学术规范问题的论文，即使当事人已经毕业，也会进行追究，吊销其学位证。

与毕业论文有关的学术不端行为主要包括[①]：（1）歪曲，故意误传个人或者他人的工作；（2）伪造，故意编造或者虚构数据、事实的行为；（3）篡改，故意修改数据和事实，使其失去真实性；（4）剽窃，采用不正当的手段，窃取他人的观点、图像、研究方法、文字表述等。

毕业论文参考文献列表一定反映了研究者对于相关文献的涉猎程度。参考文献列表能够体现论文的研究水平。在毕业论文审阅和答辩时，参考文献也是评委重点关注的部分。参考文献部分可以参考以下的原则：

第一，注意参考文献的数量和质量。参考文献列表中应以国内外学术重要期刊收录的论文为主，比如CSSCI和SSCI收录的论文。期刊来源应该比较广泛，避免只从一个期刊或者一个学者出版物中提取资料。如果出现大量的篇幅短小的“水刊”论文，容易引发评委质疑。参考文献的书目不宜过少。个人建议参考文献主要列对论文写作有重要价值的论文，在数量方面本科生论文的参考文献30篇以上，研究生论文的参考文献60篇以上。

第二，注意区别文献的新旧。参考文献以近期文献为主，不要有太多陈旧的文献，除非陈旧文献是开创性文献或者重要节点文献。可以参考普赖斯指数作为判断文献整体状况的指标，即所引用文献中50%～70%应该是近5年内发表的文献。

第三，尽量引用原始文献。为了保证所引用观点的可靠性，需要尽量引用原始文献（一手文献），并标注确切的作者信息。二手文献意味着来源的可靠性会降低。当参考文献列表中出现了大量的二手文献时，特别是本身质量不够高的二手文献，会让人质疑这项研究的可靠性。在特殊情况下，如果找不到一手文献而不得不引用二手文献时，需要采用“见文献（二手文献的编码或著者-出版年）”的方式引用。

第四，引用那些自己读过的文献。曾经发现有的学生倾向于查阅硕博士论文，从其文献综述中直接把文献内容拿过来用，而不去查阅原始的参考文献，导致了很多以讹传讹的现象。如果原始文献没有读过，尽量不要引用。

第五，参考文献格式保持前后一致。这一条看似简单，但在毕业论文中是重灾区。其原因在于不了解参考文献的格式，从其他不同的途径复制粘贴文献信

① 吴子牛，白晨媛．学位论文写作［M］．北京：北京航空航天大学出版社，2020.

息，导致不同条目的格式存在较大的差异。

二、文内引用基本格式

文内引用主要涉及注释和参考文献这两种格式。注释通常指对正文内容的注解，是对正文中所提及的术语、资料或者讨论的议题的进一步阐述。当正文中的部分内容不易理解时，作者担心直接在正文中解释可能影响行文流畅，故而以注释的形式加以补充说明。根据所在位置不同，可将注释分为脚注和文后注。脚注是将注释放在当页下端，用横线与正文隔开，把注释写在横线之下。文后注则是将所有脚注均标注在正文部分结束之后，一般采用顺序编码制。参考文献则是文内部分内容参考了前人研究成果，在相应部位标注前人研究成果的出处，一般采用顺序编码制或著者-出版年制。其中，期刊论文一般采用顺序编码制，毕业论文一般采用著者-出版年制。

（一）顺序编码制

顺序编码制是指参考文献列表中的文献按正文引用文献的前后顺序排列。在参考文献列表中需要按顺序给出引用文献的编号，编号放在方括号之中。如果采用顺序编码制，那么在正文所引用内容的句末增加上标的序号编号“[序号]”。

（二）著者-出版年制

对于著者-出版年制，不管正文中引用顺序如何，在参考文献列表中，统一按照作者姓名的首字母顺序排列，作者相同时按照出版年排序。毕业论文的参考文献列表需要遵循国标，如果采用著者-出版年制，那么在参考文献列表中，先按文种排序（先排中文文献、再排英文文献），接着按作者姓名的首字母、出版年排序。

如果采用著者-出版年制，那么在正文引用时使用著者和出版年，即在所引用内容的句末增加“（著者，出版年份）”，或者以“著者（出版年份）”放在句子开头。

三、参考文献标准格式

关于参考文献的标准格式可以查阅国标《信息与文献　参考文献著录规则》（GB/T 7714—2015）。该标准于 2015 年 5 月 15 日发布，12 月 1 日实施，用于代替《文后参考文献著录规则》（GB/T 7714—2005）。在这里我们只是简单介绍一下最常用的内容。

（一）文献的类别

按照国家标准分类，参考资料类型可分为专著［M］、论文集［C］、汇编［G］、报纸文章［N］、期刊文章［J］、学位论文［D］、报告［R］、标准［S］、专利［P］、数据库［DB］、计算机程序［CP］、电子公告［EB］、联机网络［OL］。

（二）常见类别文献格式及范例

1. 专著［M］、论文集［C］、报告［R］

［序号］主要责任者．文献题名［文献类型标识］．出版地：出版社，出版年：起止页码（可选）．

例如：

［1］李珂．嬗变与审视：劳动教育的历史逻辑与现实重构［M］．北京：社会科学文献出版社，2019：215－219．

2. 期刊论文［J］

［序号］主要责任者．文献题名［J］．刊名，年，卷（期）：起止页码．

例如：

［2］赵美艳，隋宁．新时代劳动教育的意涵建构与现实审思［J］．沈阳师范大学学报（社会科学版），2020，44（3）：33－39．

［3］ALEXANDER P. The art and science of quality systematic reviews［J］. Review of educational research，2020，90（1）：6－23.

3. 论文集中的析出文献［C］

［序号］析出文献主要责任者．析出文献题名［C］//原文献主要责任者．原文献题名．出版地：出版者，出版年：起止页码．

例如：

［4］GARDNER K. Modular course structures in higher education［C］// RAGGETT M，CLARKSON M. Changing patterns of teacher education . London：Routledge，2012：108－116.

4. 学位论文［D］

［序号］主要责任者．文献题名［D］．出版地：出版单位，出版年：起止页码（可选）．

例如：

[5] 赵洋洋. 中小学劳动教育的实践困境与出路研究 [D]. 重庆：西南大学，2019.

5. 报纸文章 [N]

[序号] 主要责任者. 文献题名 [N]. 报纸名，日期（版次）.

例如：

[6] 李健. 中小学劳动教育的国际视野 [N]. 人民政协报，2020-04-08 (6).

6. 电子文献

[文献类型/文献载体标识]：网上期刊 [J/OL]、网上电子公告 [EB/OL]、网上数据库 [DB/OL]。

[序号] 主要责任者. 电子文献题名 [文献类型标识/文献载体标识]. 出版地：出版者，出版年：页码（发表更新日期）[引用日期]. 获取和访问路径.

例如：

[7] 中华人民共和国教育部. 普通高等学校辅导员队伍建设规定[EB/OL]. (2017-09-29)[2023-03-27]. http://www.moe.gov.cn/srcsite/A02/s5911/moe_621/201709/t20170929_315781.html.

（三）参考文献中的作者信息

一般情况下，每一篇参考文献的起始信息都是作者信息，作者的信息比较复杂，同时华人作者和欧美作者的信息差异比较大。为此，在这里我们专门做一些介绍，如表5-1所示。

表5-1　参考文献作者信息标注方式

情况	作者信息格式
华人作者	标注姓名全称
欧美作者	标注"姓，名的首字母"，姓全大写，名可缩写，缩写名后省略缩写点。比如用"LO L"表示 Leslie Lo
欧美作者的中译名	只标注姓。比如，用"加德纳"表示"霍华德·加德纳"
作者数量小于或等于三个	全部列出，作者之间用逗号隔开
作者数量大于三个	中文在第三名作者后加上"，等"，英文加上"，et al."
作者是机构	标注机构的名称

第三节　非主体部分的写作

一、如何写摘要部分

摘要不是毕业论文的主体部分，长度一般控制在一页纸以内，字数不超过1 000字。摘要是论文最重要的部分之一。当其他研究者查找文献时，摘要通常是他们获得查阅列表之后选择是否下载这篇论文的唯一依据。换言之，读完几百字的摘要之后，会根据摘要的情况来判断整篇论文的价值，决定是否进一步阅读。

从本质上讲，摘要应该以“浓缩”的方式反映论文的所有部分，确保一个只阅读摘要的人能够从中理解作者为什么进行这项研究、如何进行、发现了什么，以及作者工作为什么重要。

一般而言，结构化的摘要主要包含五个要素①。

第一，问题陈述。陈述研究主题、提供研究背景、解决问题的重要性。

第二，研究动机。主要涉及针对研究主题开展了什么工作、研究目标是什么。

第三，研究方法。概述研究方法，是实地研究还是调查研究，采用了什么方法收集数据和分析数据。一般来说，这一部分可以简短。

第四，研究的主要发现。把重点放在主要的研究发现上，次要的研究发现一般不需要列出。大致来说，所列出的一般不超过三点。

第五，结论与启示。陈述根据研究发现，能够得出什么结论，对于后续研究和实践推广有什么启示。

摘要整体结构呈现出“宽→窄→宽”的样态：问题陈述中以宽的背景起步，收窄到本研究要解决的问题，结论除交代解决了什么问题外，还可以总结出对本领域甚至更宽阔的领域而言研究结果的通用价值。

在撰写摘要时，可以先将这五个要素列出来，作为脚手架，逐一填充内容。根据以上这五个要素，便可以组织起结构框架清晰的段落，每个段落围绕一个要

① HARTLEY J. Writing a structured abstract for the thesis [J]. Psychology teaching review, 2010, 16 (1): 98-100.

素展开。等到完成之后，再把作为脚手架的五个词删掉，于是便形成了一篇结构完整、思路清晰的摘要。

需要注意的是，摘要是可以独立阅读的文本，可能单独出现在检索系统和公告中，因此不能包含需要翻阅论文其他部分才能理解的符号和编号，也不允许按编号引用正文、图表、公式和参考文献等。

摘要的位置虽然位于论文最前面，但在写作顺序上一般放到最后，等到论文主体完成之后才开始着手。这是因为写作思路可能会中途发生调整，等到定稿之后再写摘要较为适合。

二、如何写致谢部分

致谢部分经常被当作可有可无的部分，有的学生为了图省事，甚至直接把其他人的致谢照搬过来。这些做法对于致谢部分的写作并没有好处。

致谢部分的特殊之处在于，它是整个毕业论文中唯一可以自由表达内心情感的部分。毕业论文作为技术性的文档，从头到尾讲究的是理性分析。但是，研究者并不是机器人，在研究期间可能会遇到各种不确定性和难题，很多时候会出现情感波动。致谢部分则为研究者的情感表达留下了一块空间，可以自行挥洒研究过程中的感受和体验。

致谢部分最重要的是表达自己的真情实感。与纯粹的直白的感谢相比，可以考虑选取研究过程中的一些小故事或者细节，更能触动人心。下面这个案例则很好地选取了研究生学习期间的片段来表达自己的内心感受。基于研究伦理考虑，编辑过程中尽可能地保留了原文的内容，仅仅删除了相关人员的名字。

研究生刚入学，有幸在导师吴老师的带领下观摩学习“新时代发展素质教育区域范式的实践探索”项目中期汇报暨高层论坛，活动主题为“优质教育长出来”。参与论坛沙龙的除了各位专家老师，还有学生代表。学生提问环节，一位优秀的五年级小朋友利用宝贵的唯一提问机会问各位老师：“如何才能提高作文分数?”现场老师们都笑了，孩子可爱而真实的问题让论坛讨论的“生本理念、优质教育、铸魂育人”等等高端、新颖、前沿的话题最终回归实际，回归教学本真。这个问题很小却也很大，让专家们一时语塞，这成为我研究生思考的开始，也是本研究的起源。首先感谢我最敬重最崇拜的吴老师，给我提供了很多诸如这样的亲历实践机会，这些亲历成为我研究路上的星星之火，逐渐点亮我对于教育、对于语文的认知与思考。

我是本硕同源的“南师土著”，南京师范大学始终以一种温润而活跃的氛围感染着我。在南师求学，时刻以“正德厚生”为念秉持学术的严谨性，时刻以“笃学敏行”为信坚持灵感的迸发与思维的运转。感谢母校给我参加“挑战杯”“创青春”“互联网+”“志服大赛”等国家级比赛的机会，以及选拔我参与“西部支教”这项具有使命感的工作，让挑战、创新、公益成为我青春的主题词。

感谢在教科院研究生阶段遇见的老师们，大概会一直记得那位唱起歌来神采飞扬满眼阳光的王老师说的正大无私，记得那位把提问的话语权交给学生的何老师说的细致严谨，记得用深入浅出的解释疏通心理学脉络的胡老师说的心理自足，记得那位带着社会学味道的乔老师说的“做研究就是为了让争议线逐渐上升”，记得那位气质如兰的吴老师说的“思维就是经常想什么问题、经常用什么方式想问题的习惯和相信”，记得那位可爱而偏执的王老师对母语本身的追溯与回归，记得那位可以把课本生涩平常的一行字讲得灿若星河的李老师，记得那位笑着说自己见过“花开的样子”时骄傲地指着我们的黄老师……

在论文研究与撰写过程中，四所小学的吴校长、张校长、刘校长和朱校长均对我提供了大量的帮助和指导，才使得论文的调查与研究进展顺利，对于各位校长和各校教师的配合与接纳，深表感谢。还要感谢小学教育专业怀揣教育理想的全体同学以及师门的兄弟姐妹，让我的研究生学习与论文撰写在互相研讨互相修改中锻造锤炼。

不忘师训，恪守本心。希望未来，无论学习还是工作，自己的步伐是确信而雀跃的。

第四节 论文写作结束之后

一、关于查重的问题

毕业论文一般要求进行重复率检测，要求重复率不高于一定的比例。查重系统会将毕业论文和数据库中的文献进行对比，能自动查出毕业论文有多少比例的局部段落或整句描述与现有文献的文字重复。由于是系统检测，所以会存在几种特别的情况。

第一种情况，论文并没有抄袭，只是由于所表达的观点在先前的文献中已经出现了，而且说法非常接近。此时，也会被系统判定为与早期文献重复。当这种情况出现的范围比较大时，可能意味着这篇论文的内容新意不足，讲了很多之前的人已经多次提到的内容。如果出现这种情况，建议重新分析数据，增加深度的分析和解释，删减和早期文献重复的内容。

第二种情况，一些通用性的知识出现重复。比如，在研究方法部分，采用的是比较成熟的研究方法和流程，也会出现重复。对于这种情况，建议引用早期文献，同时减少详细的阐述，以精简的方式加以阐述，可以在一定程度上降低重复率。

另外，建议在论文写作初期，就形成规范的写作习惯，以自己统一的语言风格贯穿整个毕业论文写作阶段，避免从不同的地方把其他人的文字加以拼凑。这样，不仅重复率可以降低，同时论文写作的水平也会随之提高。

二、论文答辩（或预答辩）的准备

在准备论文答辩（或预答辩）时，制作合适的 PPT 往往是这一阶段的关键。经常出现的问题是，做了几十页 PPT，每一页 PPT 中又有大量的文字，论文汇报变成了面无表情、枯燥无味的读 PPT。最后在“时间到”的提醒中被中断，成了一个失败的汇报。究其原因，就在于 PPT 的设计违背了这个软件的根本目的。PPT 的全称是 PowerPoint，即让观点（point）变得更有力量（power）。然而，PPT 上大段的文字和大量的演示文稿已经不是观点了，而是连篇累牍。PPT 的设计可以参照以下原则：

（一）突出每一页的主题

每一页 PPT 应有一个与本页内容密切相关的主题作为标题。例如，介绍某一条结果时，以主要结果作为标题。不同主题的内容应分配到不同页面之中。一个大的主题则可以分配到不同页面之中。这如同论文的大纲，可以起到导航作用，评委看到标题即可大致了解当页内容。

（二）可以用短语替代长句

为了避免一页的文字太多，可使用包含关键词的短语句。这些短语作为要点提醒，单独出现时并不要求满足语法规则。汇报时，将短语拓展为完整的满足语法逻辑的句子。

（三）优化排版

优化排版后，不仅视觉效果好，而且更容易理解。排版时可以考虑如下几个方面：

● 尽量不要用过多的文字、图形或颜色使幻灯片混乱。条目之间的距离可使用 1.5 倍行距。

● 统一文法风格，统一文献引用风格，统一字体（至少对于相同内容，统一字体）。

● 注意字体大到让最末排的观众都能够看清楚。

● PPT 有不同内容时，按一定的逻辑顺序排列内容，且逻辑顺序按由左到右、由上至下匹配。

● 可下载一些经过排版设计的模板，在其中填充自己的内容。例如，一些资源可以提供为绪论、文献、方法、结果和讨论等专门设计的 PPT 模板。

● 避免花哨的背景，尽可能避免使用动画、翻页效果。

● 注意颜色搭配。有些背景和前景的颜色组合很难阅读。例如，黄色背景上的绿色文字或红色背景上的蓝色文字都很难看清。一般采用标准的颜色组合：白色背景＋黑色字体，蓝色背景＋白色字体，黑色背景＋黄色字体。

（四）控制图、表格与公式等对象的数量

一页 PPT 尽量不超过一幅图（可以包含子图），除非用于对比或关联。一幅图占据的页面尽量不到半页。同时，不能有太多数学公式，只放关键的公式即可，用文字或口语介绍其推导、意义和作用。

（五）条目可定位

如果使用条目排列内容，条目编号不要用无差别的符号，比如点号“·”。相较无差别符号而言，用数字或字母序号更容易定位。这样，答辩委员在提问时，可以明确指出是第几页第几条。

（六）保持聚焦

为了保持聚焦，单张幻灯片上一般只涉及 1 个主题，并围绕该主题呈现 3～7 个要点。引导观众了解一个想法的本质，而不是罗列这个想法的属性。如果研究发现非常广泛，不要试图展示所有的发现。相反，把重点放在典型的发现上，或者突出不寻常的或意外的结果。

三、论文答辩原则及建议

毕业论文答辩通常包括汇报展示和回答问题两个环节。在回答问题环节，可以参照以下原则：

- 回答问题时言简意赅，目视提问的老师。
- 不要对评委的提问进行评价，如不要说“这是一个很好的问题”“您的知识真渊博”。
- 自己心里不知道的问题，先停顿一下，表明你在思考。最后简单而诚恳地回复“对不起，确实不知道”。
- 如果在汇报过程中出现评委提问，尽量快速回答。如果做不到，可以申请汇报结束后再考虑回答，以免耽误汇报和打乱思路。

答辩过程中会遇到不同类型的提问，下面是常见的提问形式以及应答建议：

- 最常见的问题是针对一个具体问题或术语要求提供进一步解释，可使用尽可能简洁的方式解释。
- 问一个常识性或专业知识问题，可依据你的知识掌握程度回答。
- 评委之间产生分歧，提问转为争论。不抢话，不介入争论。
- 要求指出最重要贡献是什么或再次总结一下研究工作，可提取该研究最重要的内容简要回答。
- 指出你工作的不足时，简单致谢并答应后续会考虑。
- 指出论文中的错误要求你改正时，致谢且答应改正。
- 评委对论文进行总体性评价，不明显指出有什么问题时，简单致谢即可。

第五节　期刊论文投稿与发表

学术出版是出版业的重要领域，是研究者以符合学术规范的方式将自己的研究成果公开发表的重要手段。大多数的学术成果以学术期刊论文、书、会议论文的形式发表，以学术期刊论文发表最为关键。大多数学术期刊都要求所投稿的论文经过同行评审或编辑评审，以确保文本符合出版条件。不符合评审结果的论文会被退稿处理。

一、教育类期刊的类别

对于研究者而言，将自己的研究成果发表在“适宜”的刊物上，成为工作的重要组成部分。何谓“适宜”的刊物？可以通过以下三条标准来衡量：期刊是否有刊号，期刊是否入选学术期刊数据库，期刊是否入选学术期刊引文索引。这三条标准的边界依次收紧。

（一）刊号：期刊的“身份证”

对于教育研究者而言，论文发表时首先需要注意所投稿的期刊是合法刊物。鉴别期刊是否为合法刊物，关键的指标是期刊号。刊号相当于期刊的身份证。国内学术期刊主要有两个期刊号：一个是国内刊号（CN 刊号），另一个是国际刊号（ISSN 刊号）。CN 刊号由国家新闻出版署批准颁发，是期刊在国内出版发行的合法通行证。如果研究者不太确定刊物是否合法，可以通过国家新闻出版署的期刊查询窗口查询刊号信息，也可以通过中国知网、万方、维普等数据库进行查询。国外期刊要在国内发行，必须首先获得 CN 刊号才可以。ISSN 刊号，又叫国际连续出版物刊号，是由国际标准化组织制订的，是期刊在国际上发行出版的识别号。

此处以国家新闻出版署的查询为例。假如研究者想查询是否有一本名为《教师教育研究》的合法期刊，可以在浏览器中输入国家新闻出版署的查询网址 https：//www. nppa. gov. cn/nppa/publishing/magazine. shtml，输入刊名“教师教育研究”和验证码，点击搜索、查看详细即可出现图 5－1 的查询结果。结果显示，《教师教育研究》的刊号为 11－5147/G4，出版状态正常。

（二）学术期刊数据库：信息时代期刊界的“门槛”

收录到学术期刊数据库是期刊获得学界更高认可的第二条标准。随着电脑的普及和互联网的兴起，建立网络出版平台大规模集成整合知识信息资源成为不可逆转的趋势。由此，争取收录到学术期刊数据库成为信息时代拥有刊号的学术期刊期望达到的第二条标准。换言之，能够入选学术期刊数据库，特别是公认的学术期刊数据库（比如 CNKI），意味着期刊有机会获得更高的声誉。反之，如果不能入选学术期刊数据库，意味着被公众检索到的概率会大大降低，进而影响到期刊的社会认可度。

https://www.nppa.gov.cn/nppa/publishing/view_xshtml?type=magazine&id=88757

期刊/期刊社查询

机构名称	教师教育研究
刊号	11-5147/G4
类别	期刊
主管单位	教育部
主办单位	北京师范大学、华东师范大学、教育部高校师资培训交流北京中心
语种	中文
出版状态	正常

图 5-1　期刊刊号查询结果

对于研究者而言，学术期刊数据库不仅可以用来查找相关的论文，也可以查找期刊的相关信息，鉴别其可靠性。对于大多数的学校和科研机构来说，都要求论文所发表的期刊收录在学术期刊数据库中。

（三）学术期刊引文索引：期刊界的“塔尖”

随着学术研究的持续发展，如何正确评价科学研究成果引起越来越广泛的关注。为此，出版界和高校部门研制了 SCI、SSCI、EI、CSSCI 等学术期刊引文索引，专门收录了高质量的学术期刊所出版的文献。对于教育类期刊而言，如果能够入选 SSCI、CSSCI，也将升级成为期刊界的“塔尖”，受到研究者的青睐。这类期刊简称为“核心期刊”。

SSCI 和 CSSCI 期刊论文是我国学术评价体系的重要组成部分。它们的重要性主要体现在对科研工作者学术水平的衡量方面，如在教学科研单位申请高级职称、取得博士论文答辩资格、申报科研项目、科研机构或高等院校学术水平评估等，都需要在核心期刊上发表学术论文。

基于以上三条标准可知，教育类期刊论文发表的底线是拥有刊号的合法期刊；一般情况下应选择入选公认的学术期刊数据库的期刊；如果对于自己的研究成果有足够信心，可以尝试投稿入选学术期刊引文索引的期刊。

二、期刊投稿须知

论文投稿需要根据期刊要求准备相应的投稿材料。在投稿之前，可以查询期刊的投稿须知，根据期刊的栏目设置、格式要求和投稿途径等方面对论文进行调整。

（一）查询期刊设置的栏目

选刊不准可能使你的文章遭受退稿。了解期刊、编者和读者的需求，寻找那些适合你论文的栏目的期刊，能够对稿件的录用起到良好的作用。为此，可以查阅期刊官方网站，查询期刊所设置的栏目。比如，教育类入选 CSSCI 目录中的期刊《中国高教研究》，其常设的栏目有研究与探索、院校研究、课程与教学改革、高等职业教育研究、比较教育研究、学位与研究生教育研究等。通过期刊栏目的初步筛选，确定自己撰写的论文处于特定栏目后，可进一步查询近些年在这一栏目中发表的论文，检验自己推测的可靠性。更具体地说，如果自己撰写的论文的主题与已经发表在特定期刊上的论文主题属于同一领域，那么自己的论文在该期刊获准发表的可能性会更大。

除了期刊常设栏目以外，部分期刊还会专门发布当年的组稿重点。组稿重点通常是该期刊当年打算重点出版的研究领域，在选题方面大多是亟待解决的重大研究问题或者是学术领域热议的焦点。如果研究主题正好符合该期刊的组稿重点，那么被录用的可能性也会更大。

（二）按照格式要求修改论文

按照期刊的格式要求修改自己撰写的论文，是提高论文录取率的必要条件。即便是质量很高的论文，如果在格式上不符合期刊的要求，也有可能会被拒稿。期刊投稿须知通常会对题名、摘要、关键词、正文、作者简介、基金项目、参考文献等方面做出一定的格式要求。对照期刊要求编辑文稿，使之符合格式要求。除了对照期刊发布的格式要求以外，也可以下载期刊近期刊出的论文，参考该刊已发表的论文的格式修改自己的手稿。

（三）投稿途径

现在大多数学术期刊要求使用在线平台投稿或邮箱投稿，不再要求寄送纸质稿件。与邮箱投稿相比，在线平台的审稿流程更明晰，也便于后续查询，成为期刊、审稿人和投稿人的首选。

按照投稿要求准备好所有材料之后，就可以在投稿网站注册个人账户。按照投稿系统的要求依次上传相关文件，填写所有作者信息、基金项目信息等，最后生成一个总体预览。检查是否有漏填的内容或者出现错误，如果存在，可以返回重新编辑。当所有项都检查无误后，就可以确认提交成功。系统会自动生成稿件编号，后续可以通过编号来查询稿件评审情况。

如果是通过邮箱投稿，则需要准备一封投稿信（cover letter）。投稿信可以简单介绍一下研究的亮点，突出有利于打动编辑的信息，并给出详细的联系方式。如果论文具有很强的时效性，也应当明确告诉编辑。期刊论文也有一定的时效性，倾向于抢先发表新观点、新进展、新技术，投稿信是向期刊编辑展示这些亮点的重要窗口。

大多数期刊的审稿流程是双向盲审，即投稿人不会获得审稿人的信息，审稿人也不会获得投稿人的信息。双向盲审使得审稿人可以将注意力集中在文章本身的质量上，从而保证了审稿过程更加客观公正。

审稿通常在 3 个月以内可以完成。投稿之后可以通过系统查询论文的审稿状态。由于期刊收录的稿件比较有限，许多稿件可能会被拒稿。当被拒稿时，可能会有几种不同的原因，处理方式也不一样。

● 所论述的话题有争议，投稿人与审稿人的意见不一致而导致论文被拒稿。对于这种情况，可以选择同一层次的期刊另行投稿。

● 论文被拒稿，但是存在可提升的空间。对于这种情况，可以根据修改意见进一步修改完善，重新投稿。

● 因质量问题而被拒稿的论文，被同一层次期刊接受的可能性很小。对于这种情况，可以考虑退而求其次，选择备选杂志中的其他要求略低的杂志进行再次投稿。

与中文期刊投稿相比，英文期刊论文投稿状况相对复杂一些，通常有以下几种状态：

● manuscript received 或 submitted to journal：表示投稿成功；

● with editor：表示投稿后，稿件到达主编处，尚未指定执行编辑；

● editor assigned：主编将稿件分派给某个执行编辑；

● reviewers invited：执行编辑接受稿件，正在邀请审稿人；

● under review：审稿人接受审稿；

● required review completed：审稿结束，等待编辑处理；

● decision in procession：编辑做出决定，决定类型包括接收（accepted）、小修（minor revision）、大修（major revision）、拒稿（rejected）。如果是小修或者是大修，需要投稿人按照审稿人意见修改稿件，再次投稿。

● revision submitted to journal：修改后的论文再次投稿成功。

- rejected 或者 accepted：论文被拒稿或接收。

通常来说，英文论文直接被接收的可能性非常小，通常需要两到三轮的修改。如果看到审稿决定是大修，应该算是好事了，说明编辑认为经过修改之后存在发表的可能性。逐条回应审稿人提出的意见，有针对性地做出修改，再次投稿后被接受的可能性是很大的。

常见问题解析

常见问题列表

- 结论与启示部分写成了结语；
- 将研究发现的结果和结论视为相同；
- 研究局限写成了自我批评；
- 引用的文献质量不高；
- 文中引用的文献和参考文献列表不一致；
- 英文文献信息不规范；
- “报菜名”式的简单罗列；
- 时间进度安排不合理。

常见问题1 结论与启示部分写成了结语

问题状况

部分论文没有结论与启示这一部分，而是有一个简短的结语，对主题做一个简要论述，并表达自己的体会感受。结语的篇幅较短，大多为500字左右。

解析

许多毕业论文对于结论与启示这一部分理解有误，将其理解为只是做一个结尾，表明这个论文结束了。同结论与启示有很大的不同，结语主要是新闻、作文、小说这一类文体的结尾总结。结语可以是全文的最后一段或一句话，用于阐明消息所述事实的意义，使读者对消息的理解、感受加深，从中得到更多的启示。然而，结语在毕业论文中并不适用。

结论与启示这一部分，也可以称作“总结与展望”①。实际上这一部分包含的

① 吴子牛，白晨媛．学位论文写作［M］．北京：北京航空航天大学出版社，2020.

内容是非常重要的，需要对全文进行概括整理，可以看成全文的一个“缩略版”。其他研究者即便只看这一部分，也可以对此研究建立整体的认知。

这一部分先用一段话简要回顾研究背景中提出的需求和目标，阐述采用了什么方法，给出了什么主要结果。接着，重点介绍获得了什么结论，从中提炼出几个要点。最后，指出这些贡献如何解决了你提出的问题，有什么意义和价值。具体的写作方法可以参照第五章第一节的内容。

常见问题 2　　将研究发现的结果和结论视为相同

问题状况

以下片段摘自教育专业学生毕业论文的结论部分：

研究发现，性别因素、年级因素以及独生子女因素对农村寄宿制小学生的时间管理能力有一定影响，但均未达到显著水平，而家庭环境因素和留守儿童因素对农村寄宿制小学生的时间管理能力影响显著。

解析

一些初学者将结论理解为复述研究发现的主要内容。在完成研究发现部分以后，将研究发现的主要内容汇总作为论文的结论。将结论理解为主要的研究发现是一种误解。结论与研究发现存在一定的差异。

研究发现涉及基于经验事实和数据获得的主要结果，目的是从事实层面对研究问题或研究假设进行回答。研究发现是从数据分析中获得的主要规律，通常比较客观，不涉及作者的主观判断。换言之，即便立场不同的研究者，依然会认可所获得的研究发现。

结论则是对研究发现的进一步加工，通过抽象的演绎或归纳分析对其进一步解释。结论为研究发现赋予深层意义。在解释过程中，结论可能会受到研究取向或者研究者自身的立场的影响。换言之，立场不同的研究者，从研究发现中提取的结论也可能会有差异。

本案例关注的是农村寄宿制小学生的时间管理能力的影响因素。论文将农村寄宿制小学生的时间管理能力与性别、年级、是否为独生子女、家庭环境、是否为留守儿童做相关性分析。然而，其存在的问题是直接将主要的研究发现等同于研究结论。本案例中，研究并未发现性别、年级、是否为独生子女与农村寄宿制小学生的时间管理能力存在显著的相关性，此结果不属于主要的研究发现，故不需要在结论中提及。研究发现，是否为离异家庭、是否为留守儿童与农村寄宿制小学生的时间管理能力存在显著的相关性，这样的发现属于数据统计结果，不适于直接用于结论，而是需要进一步解释。数据统计上的相关性可以解释为和离异家庭、留守儿童家庭的孩子相比，正常家庭的孩子在小学寄宿生活中表现出更强的时间管理能力。同时，由于是否为离异家庭、是否为留守儿童均指向父母的陪伴情况，故可以进一步推测父母在孩子时间管理能力的形成过程中的作用。这种推测是基于研究发现而做出的，但也有一定的猜测成分在里面。结论部分可以修改为：

> 相较于离异家庭、留守儿童家庭而言，正常家庭的孩子在小学寄宿生活中表现出更强的时间管理能力。这或许是由于在正常家庭中父母给予孩子更多的指导和陪伴，帮助他们发展时间管理意识。等到他们进入学校寄宿时，他们从家庭中获得的时间管理意识转化为时间管理行为，表现出更强的时间管理能力。

在这个案例中，正常家庭与离异家庭、留守儿童家庭之间有很多的差异，我们并不知道是哪一种因素导致了学生在时间管理能力方面的差异。因此，在解释研究发现时使用了“或许是”这样的表述，表明“正常家庭中父母给予孩子更多的指导和陪伴”是基于常识的一种推测。这样的推测使得研究结果得以往前走了一步，揭示了家庭陪伴在孩子发展时间管理能力方面的意义。这样的推测也使得研究结论存在被证伪的可能性，需要后续研究进一步求证。

在毕业论文评审过程中，有的学生会遇到评委提出的质疑：“你的研究发现我都知道，这项研究有什么意义呢?”这个问题其实涉及的便是研究发现和结论的关系。从前半句来看，评委并不否认研究发现的可靠性。然而，评委对于这样的研究发现并不满意，认为这项研究产生的结果接近于常识。换言之，这篇论文存在的问题在于，论文的研究发现并没有产生新的有价值的解释或者意义。基于此，可以有两种修改方向：其一，回到讨论部分，对已有的“旧”的研究发现重新进行理论解释，从中发现新的意义；其二，回到数据分析部分，试图寻找新的研究发现。

常见问题3　　研究局限写成了自我批评

问题状况

以下内容摘自教育专业学生毕业论文的结论部分：

当然，由于笔者自身学识和能力有限，本文的研究还比较肤浅，对一些问题的分析不够全面、深入，提出的建议还不够具体、透彻，需要进一步推敲。今后，笔者将进一步加强理论和实践学习，深入思考小学语文课外阅读教学，研究中不成熟的地方敬请各专家批评指正。

解析

一些学生对于研究局限的理解有误，把研究局限理解成了个人的不足，于是在这个小部分上做自我反思、自我批评。研究局限主要指的是研究设计、研究过程存在的问题，比如研究手段的不足、考虑的参数或样本的范围有限等，以便其他的研究者有针对性地对这些问题进行优化，从而促进后续研究的开展。

研究局限这一部分有助于作者将自己的研究纳入学术共同体之中，为后续研究标注探索方向。打个比方，在一项接力比赛中，每一名参与者都是为团队整体服务的。每个人只是完成其中的一个部分，并且成功将接力棒传递给下一个人。其中，研究局限就类似于传递接力棒的动作。

常见问题4　　引用的文献质量不高

问题状况

以下案例是对教育专业毕业论文参考文献列表的统计[①]：

中文著作13部，学位论文13部，中文期刊论文10篇。

解析

这篇毕业论文的参考文献部分一共包括36篇文献，其中著作占比36%，硕博士论文占比36%，期刊论文占比28%。参考文献列表暴露出几个问题：

- 没有外文参考文献，表明作者在文献综述部分很有可能并未对国外研究现状进行梳理。
- 参考文献中期刊论文数量偏少。期刊论文应该是最主要的参考文献，但这

① 出于研究伦理考虑，本案例做了脱敏处理，此处不展示具体的文献名。

里所占比例却是最低的。

● 高质量参考文献偏低，这里的高质量参考文献主要指核心期刊论文。

文献综述反映了作者对研究领域的了解程度，而能够反映所关注的研究领域研究现状的是该领域的关键文献，并不需要（当然也不可能）覆盖所有的文献。换句话说，引用的文献是经过筛选的，保留了关键文献，剔除普通文献和质量不高的文献。

然而，哪些文献才能称得上关键文献呢？这几条原则可以提供一定的参考：

● 原创文献，尤其是最早的工作；

● 里程碑工作，即那些在各年代推动研究取得重大进展的工作；

● 最新进展的文献，即最近几年的文献；

● 本研究中具体用到的文献，这些文献给出了将要用到的方法、概念框架、结果和结论等；

第一时间应该剔除的文献有哪些呢？以下四条原则供参考：

● 非一流期刊上的论文慎重引用；

● 论文篇幅只有一两页的，慎重引用；

● 硕士论文谨慎引用；

● 没有认真阅读过的文献不要引用。

许多评委会专门查看毕业论文的参考文献部分。如果发现参考文献部分所列文献中有大量本应该剔除的文献，会对该研究者的文献筛选能力产生怀疑。

常见问题 5　　文中引用的文献和参考文献列表不一致

问题状况

曾经听到一种说法，文中引用的文献和参考文献列表是不一样的。文中引用的文献说明是引用的，而参考文献列表中的文献是只要看过，对于自己有启发，就可以列进来。在毕业论文评审过程中，也曾多次看到受这种说法影响的毕业论文，文中引用的文献几乎没有，参考文献列表则很长。

解析

这实际上是对参考文献的误读。文中引用的文献和参考文献列表需要保持完全一致：只有文中引用过的文献才能出现在参考文献列表中，而文中没有出现的文献则不能出现在参考文献列表中。

在一些论著或教材中，如果作者认为某些信息资源有助于读者进一步理解或者深入学习，可以将其单列为“拓展性学习资源”，而不是混入参考文献中。

常见问题 6　　英文文献信息不规范

问题状况

以下内容摘自教育专业学生毕业论文的论文脚注：

莱夫，J.，温格，E. 著．王文静 译．情景学习：合法的边缘性参与 [M]. 上海：华东师范大学出版社，2004.

乔纳森，D. H.，兰德，S. M. 著．郑太年，任友群 译．学习环境的理论基础 [M]. 上海：华东师范大学出版社，2002.

解析

本案例中所标注的文献信息存在的问题是外文文献作者标注不规范，将英文名和译名混用。比如，莱夫，J. 的本名是“Lave，J.”，译名是“简・莱夫”。标注作者名字时可以任选其一，尽量不要采用“莱夫，J.”这样的混用方式。正确的文献引用格式可以参照《信息与文献　参考文献著录规则》(GB/T 7714—2015)。

常见问题 7　　“报菜名”式的简单罗列

问题状况

以下内容摘自教育专业学生在项目申报书中的申报理由：

经过两年的专业基础知识的学习与积累，我们系统学习并掌握了教育概论、小学教育专业导论与研讨、普通心理学、教育心理学、小学生生理心理与社会发展、批判性思维、课程与教学原理、中国教育史、美与审美、教育哲学等多门专业必修课程和教育影视鉴赏、数学思想研究、教育经典名著选读、教育社会学等自主发展选修课程。

解析

这段申报理由，用来证明自己的团队经历了系统学习。两年之后，这位学生再看自己写的这段文字，给它起了个形象的名字，叫“报菜名”。

“报菜名”的初衷在于展示自己学了很多门课程，具备了知识基础。然而，问题在于，这样的初衷是否需要列举这些课程才能够达到呢？答案是否定的。专业课程面向的是该专业所有的学生开设的，列举课程名并不能证明申报人具有其他人没有的独特优势。这些“菜名”过于普通，以至于评审人看到之后，打算直接跳过去。可见，“报菜名”并没有达到预期的价值。

如果不用“报菜名”的话，如何阐述自身具备的知识条件呢？可以将“菜名”转化为开展研究需要的知识条件，也就是顺着“菜名”往前走了一步，明确从这些课程当中学到了什么知识，可以为自己开展研究提供支撑。基于这一思路，笔者把这段话修改如下：

> ……经过两年的专业基础知识的学习与积累，我们掌握了课程设计与开发、儿童心理和行为分析、混合研究方法等相关知识技能。其中，课程设计与开发可以为乡村学校课程内容分析提供支持，儿童心理和行为分析可以为乡村学校课程实施和教学反馈的调查提供指引，混合研究方法可以为项目设计、数据收集、数据分析等一系列过程提供帮助……

常见问题 8　时间进度安排不合理

问题状况

一些学生毕业论文写作时间进度安排不合理，前松后紧，临近截止日期还没完成，草草收稿。

解析

教育专业学生用于完成毕业论文的时间不足，直接导致毕业论文质量不高。经常看到的是，本科生用于完成毕业论文的时间通常不到半年。一般是大四上学期快要结束的时候启动，由分管领导召开毕业论文动员会。学生想个感兴趣的题目，在专业内分配毕业论文导师。其后，学生在寒假期间完成开题报告。到了大四下学期开学的时候，学生直接进入学校实习，在实习期间（大概 2 个月）完成数据收集、数据分析、毕业论文写作一系列工作。实习结束之后，回到本科院校，完成收尾工作，参加毕业论文答辩。

如果完全遵照这样的时间进度，想要完成高质量的毕业论文，可能会发现时间并不足够。对此，需要重新做时间规划和时间管理。可以协助自己进行时间管理的小工具是艾森豪威尔矩阵。艾森豪威尔矩阵也称为时间管理优先矩阵，因美国前总统艾森豪威尔而得名。在矩阵中，工作时间按其紧迫性和重要性分为四类，形成时间管理的优先矩阵，如图 5-2 所示。

	紧迫 ←→ 不紧迫	
重要 ↕	区域A：重要且紧迫	区域B：重要不紧迫
不重要	区域C：紧迫不重要	区域D：不紧迫不重要

图 5-2　艾森豪威尔矩阵

在艾森豪威尔矩阵中，最容易被人忽略的是 B 类事务（重要不紧迫）。对于大多数人而言，紧急事务意味着需要立即处理，来不得犹豫。时间上的紧迫感促使人不得不将其放到最高的优先级。同时，处理紧急事务让人有充实感。特别是对于不会进行时间管理的人来说，面对大块时间时往往不知如何安排，感觉无所适从。而紧迫的任务会强制将时间填满，省却了时间管理的忧虑。这就很容易让人沉溺于应付 A 类和 C 类事务。

当一个人的主要精力用于处理紧急事务时，神经上的紧绷感会在事务处理完毕的瞬间骤然松懈。此时，人们更倾向于处理无须耗费多少精力的 D 类事务（不紧迫不重要），比如打游戏、看电视，放松自己，以补偿在紧急状态下的强力付出。然后，等到第二天继续进行此循环。然而，在这个过程中，真正重要的 B 类事务（重要不紧迫）被忽略了。等到时间节点慢慢靠近时，B 类事务慢慢演变为 A 类事务，不得不在短期内快速已处理。

基于此，许多人在事务处理方面建立了一个负向的增强回路，即我们平时所说的“恶性循环”。自己主要的精力被用于应付 A 类和 C 类事务，精力耗尽时用 D 类事务补偿自己。而 B 类事务被延误，演变成 A 类事务。于是，人的生活变成了被紧急事务逼迫而疲于奔命的状态。如此恶性循环，不断强化。

对于许多学生来讲，毕业论文也处于这一负向的增强回路中。然而，与其他的 B 类事务不同之处在于，毕业论文是一项难以进行时间压缩的事务。强行压缩时间，会导致其质量大大降低。这也是为何许多学生将毕业论文拖延到最后，试图在临近截止日期之前的几周内完成时，其毕业论文的质量往往很差。为此，需要重新审视毕业论文的时间管理问题，破解负向的增强回路。

第一，对于毕业论文整体定位，明确与整体时间相符的任务量。对于本科生来说，建议论文选题尽量避免重新另起炉灶，而是与之前的社会实践和研究实践建立联系。许多学生选题时喜欢选一个之前从未接触过的领域进行，将自己未知的东西理解为当前研究的不足。这其实是一个有偏差的理解。开展毕业论文当然需要寻找当前研究的不足，但研究不足是在对某一领域的研究和实践有一定了解的情况下做出的评估。缺少了解的拍脑袋式选题，说服力会受到很大的影响。在没有积累的情况下试图填补空白，常以"挖一个浅坑"告终。反之，如果从已有的社会实践和研究实践中寻找选题，意味着对于一个领域已经有一定的了解，此种情况下做出的评估和判断更合理。

第二，对时间进行整体分割，在重点环节上着重分配时间。完成毕业论文有一个清晰而完整的流程，而在这个流程中有一些关键节点需要着重分配时间和精力。将毕业论文这一大的事务分解为清晰的小的事务后，时间管理的难度会大大降低。其后，按照每一小的事务的难度系数分配相应的时间，逐一化解。当每个小的事务完成之后，毕业论文也相应地完成了。

斯韦特纳姆提供了一个大致的时间分配比例，可以供大家参考①：

- 绪论：5%
- 文献综述：35%
- 研究方法：10%
- 数据收集：20%
- 数据分析：15%
- 结论和启示：10%
- 参考文献和附录：5%

从这个时间比例分配可以看到，开展毕业论文过程中，最重要的部分是文献综述（35%）和自己的实证研究部分（数据收集+数据分析，共计35%）。因此，可以给这两个模块重点分配时间。

等完成毕业论文之时，也意味着自己经历了一次时间管理方面的实践体验，

① SWETNAM D. Writing your dissertation：how to plan，prepare and present successful work [M]. 3rd ed. Oxford，UK：How To Books Ltd.，2004：10.

实践管理能力将获得提升。

关键要点复盘

● 出版物的参考文献列表的格式一般采用顺序编码制或著者-出版年制。其中，期刊论文一般采用顺序编码制，毕业论文一般采用著者-出版年制。

● 关于参考文献的标准格式可以查阅国标《信息与文献　参考文献著录规则》(GB/T 7714—2015)。

● 毕业论文文献引用的参考性原则：注意参考文献的数量和质量；参考文献以近期文献为主，可以参考普赖斯指数作为判断文献整体状况的指标；尽量引用原始文献，避免文献转引；引用那些自己读过的文献；参考文献格式保持前后一致。

● 结构化的摘要主要包括问题陈述、研究动机、研究方法、研究的主要发现、结论和启示五个要素。摘要整体结构呈现出“宽→窄→宽”的样态。

● 致谢部分是整个毕业论文中唯一可以自由表达内心情感的部分。

● 论文答辩 PPT 的设计可以突出每一页的主题，用短语替代长句，优化排版，控制图形、表格与公式等对象的数量，条目可定位，保持聚焦。

思考与练习题

1. 围绕特定的研究主题，研读至少 5 篇期刊论文，对论文的结论部分进行分析，找出结论部分的基本结论、理论价值、政策建议、研究局限、研究展望等内容。

2. 按照结构化摘要的要素构成练习摘要写作。从问题陈述、研究动机、研究方法、研究的主要发现、结论和启示这五个要素出发分别撰写相应内容，并将其整合在一起。

3. 研读一篇实证研究论文，制作汇报的 PPT，进行 10 分钟计时模拟汇报练习。

主要参考文献

ALVESSON M，KÄRREMAN D. Constructing mystery：empirical matters in theory development [J]. Academy of management review，2007，32 (4)：1265-1281.

COBBOLD C. Attracting and retaining rural teachers in Ghana：the premise and promise of a district sponsorship scheme [J]. Journal of education for teaching，2006，32 (4)：460-464.

COLQUITT J A，GEORGE G. Publishing in AMJ-part 1：topic choice [J]. Academy of management journal，2011，54 (3)：432-435.

COOPER H M. Organizing knowledge synthesis：a taxonomy of literature reviews [J]. Knowledge in society，1988，1 (1)：104-126.

CORBIN J，STRAUSS A. Basics of qualitative research：techniques and procedures for developing grounded theory [M]. 3rd ed. Los Angeles，CA：Sage Publications，2008.

GALL M D，BORG W R，GALL J P. Education research：an introduction [M]. 6th ed. White Plains，NY：Longman，1996.

HART C. Doing a literature review：releasing the social science research imagination [M]. London：Sage，1998.

HARTLEY J. Writing a structured abstract for the thesis [J]. Psychology teaching review，2010，16 (1)：98-100.

HOLLENBECK J R. The role of editing in knowledge development：consensus shifting and consensus creation [M] //BARUCH Y，KONRAD A M，AGUINUS H，et al. Journal editing：opening the black box. San Francisco：

Jossey Bass, 2008.

KERLINGER F. Behavioral research: a conceptual approach [M]. New York: Holt, Rinehart and Winston, 1979.

MCCOMBES S. Writing strong research questions [EB/OL]. https://www.scribbr.com/research-process/research-questions/.

MCCOMBES S. How to write a discussion section [EB/OL]. https://www.scribbr.com/research-paper/discussion/.

MERRIAM S B. Qualitative research and case study applications in education [M]. San Francisco: Jossey-Bass Publishers, 1998.

PETRE M, RUGG G. The unwritten rules of PhD research [M]. 2nd ed. Berkshire, England: Open University Press, 2010.

RANDOLPH J. A guide to writing the dissertation literature review [J]. Practical assessment, research & evaluation, 2009, 14 (1): 13.

REAL J, FORNÉ C, ROSO-LLORACH A, et al. Quality reporting of multivariable regression models in observational studies: review of a representative sample of articles published in biomedical journals [J]. Medicine, 2016, 95 (20): 36-53.

SILVERMAN D, MARVASTI A. Doing qualitative research: a comprehensive guide [M]. California: Sage Publications Inc., 2008.

SINKOVICS N. Pattern matching in qualitative analysis [M] //CASSELL C, CUNLIFFE A L, GRANDY G. The sage handbook of qualitative business and management research methods. London: Sage Publications Ltd., 2018.

STOKES D E. Pasteur's quadrant: basic science and technological innovation [M]. Washington, DC: Brookings Institution Press, 1997.

STRAUSS A, CORBIN J. basics of qualitative research [M]. Newbury Park, CA: Sage, 1990.

SWETNAM D. Writing your dissertation: how to plan, prepare and present successful work [M]. 3rd ed. Oxford, UK: How To Books Ltd., 2004.

WANG D, GAO M. Educational equality or social mobility: the value conflict between preservice teachers and the free teacher education program in China

[J]. Teaching & teacher education，2013，32（3）：68－73.

YUAN R，LEE I. "I need to be strong and competent"：a narrative inquiry of a student-teacher's emotions and identities in teaching practicum [J]. Teachers & teaching，2016，22（7）：824－826.

毕恒达．教授为什么没告诉我：论文写作枕边书［M］．北京：法律出版社，2007.

布朗，基利．学会提问：第10版［M］．吴礼敬，译．北京：机械工业出版社，2013.

布洛克，亨得利．成长型思维训练［M］．张婕，译．上海：上海社会科学院出版社，2018.

布斯，卡洛姆，威廉姆斯．研究是一门艺术［M］．陈美霞，徐毕卿，许甘霖，译．北京：新华出版社，2009.

常思亮，罗小丹，卢堃．"差评"研究生学位论文主要特点鉴别［J］．黑龙江高教研究，2019，37（5）：107－112.

黄忠廉．人文社科项目申报300问［M］．北京：科学出版社，2017.

科宾，施特劳斯．质性研究的基础：形成扎根理论的程序与方法：第3版［M］．朱光明，译．重庆：重庆大学出版社，2015.

李武，毛远逸，肖东发．学位论文写作与学术规范［M］．2版．北京：北京大学出版社，2020.

林小英．分析归纳法和连续比较法：质性研究的路径探析［J］．北京大学教育评论，2015（1）：16－39.

林幼菁．大学生学术论文写作入门［M］．北京：商务印书馆，2020.

刘擎．刘擎西方现代思想讲义［M］．北京：新星出版社，2021.

刘西川．实证论文写作八讲［M］．北京：北京大学出版社，2020.

罗云，张雯闻．质化研究：超越小样本迈向更大研究意义之可能［J］．全球教育展望，2018，47（6）：21－30.

马利克．超越极限［M］．严佩琦，孙瑜，译．北京：机械工业出版社，2021.

纽曼．理解社会研究：批判性思维的利器［M］．胡军生，王伟平，译．北京：人民邮电出版社，2015.

乔森．如何找到好用的理论？［EB/OL］．（2021－03－03）．https：//

mp. weixin. qq. com/s/v8sq82bwQbffTNzlTy7fiw.

契克森米哈赖．心流：最优体验心理学［M］．张定绮，译．北京：中信出版社，2017.

威斯科．如何做一个好导师：指导研究生及本科生研究、撰写学位论文：第2版［M］．王建伟，译．大连：东北财经大学出版社，2015.

吴子牛，白晨媛．学位论文写作［M］．北京：北京航空航天大学出版社，2020.

项飙，吴琦．把自己作为方法［M］．上海：上海文艺出版社，2020.

谢立中．实证性量化研究和诠释性质化研究的联结：来自韦伯的启示［J］．武汉大学学报（哲学社会科学版），2018，71（5）.

熊易寒．生命体验与学术研究：熊易寒在复旦大学108周年校庆科学报告会上的发言［EB/OL］．（2019－09－19）．https：//www.sohu.com/a/342021779_337742.

喻颖正．人生算法：用概率思维做好决策［M］．北京：中信出版社，2020.

约翰逊，克里斯滕森．教育研究：定量、定性和混合方法：第4版［M］．马健生，等译．重庆：重庆大学出版社，2015.

张五常．经济解释（二〇一四增订本）［M］．北京：中信出版社，2015.

钟和顺．会读才会写：导向论文写作的文献阅读技巧［M］．韩鹏，译．重庆：重庆大学出版社，2015.

图书在版编目（CIP）数据

教育专业论文写作/乔雪峰主编．-- 北京：中国人民大学出版社，2023.4

21世纪小学教师教育系列教材

ISBN 978-7-300-31629-1

Ⅰ.①教… Ⅱ.①乔… Ⅲ.①教育科学－论文－写作－小学教师－师资培养－教材 Ⅳ.①G40-03

中国国家版本馆CIP数据核字（2023）第066497号

21世纪小学教师教育系列教材

教育专业论文写作

乔雪峰 主编

Jiaoyu Zhuanye Lunwen Xiezuo

出版发行	中国人民大学出版社		
社　　址	北京中关村大街31号	**邮政编码**	100080
电　　话	010－62511242（总编室）		010－62511770（质管部）
	010－82501766（邮购部）		010－62514148（门市部）
	010－62515195（发行公司）		010－62515275（盗版举报）
网　　址	http://www.crup.com.cn		
经　　销	新华书店		
印　　刷	北京昌联印刷有限公司		
开　　本	787 mm×1092 mm　1/16	**版　　次**	2023年4月第1版
印　　张	10.5	**印　　次**	2023年4月第1次印刷
字　　数	169 000	**定　　价**	36.00元

教学支持说明

（教学课件）

中国人民大学出版社教育学科秉承“出教材学术精品，育人文社科英才”的出版宗旨，多年来，出版了大批高质量的教育学、小学教育、学前教育专业教材和学术著作。

我们为本教材制作了相应的 PPT 教学课件，任何一位采用本书作为授课教材的教师均可免费获得该课件。为了确保该课件仅为授课教师获得，烦请您填写如下材料，并将相关信息通过 E-mail 发送给我们，我们将在收到相关信息后通过 E-mail 给您发送该课件。欢迎您加入我们的 QQ 群（教育新视野交流群，群号为 159813080），或登录我社官方网站（www. crup. com. cn），注册并认证成为教师会员，以获得更好的服务。

我们的联系方式：

地址：（100872）北京市中关村大街甲 59 号文化大厦 1202 室

中国人民大学出版社

电话：（010） 62515955　62515383

E-mail：ggglcbfs@vip. 163. com

QQ 群：159813080

兹证明__________大学/学院__________院/系__________专业__________学年第________学期开设的____________课程，采用中国人民大学出版社出版的__________________________（书名、作者）作为本课程教材。授课教师为__________，授课班级共______个、学生______人。授课教师需要与本书配套的教学课件。

联 系 人：____________________

通信地址：____________________

邮　　编：____________________

电　　话：____________________

E-mail：____________________

系/院主任：__________（签字）

（系/院办公室章）

______年____月____日